Chacun porte en soi
une force insoupçonnée

Nicolas de Tonnac

Chacun porte en soi une force insoupçonnée

Albin Michel

Je dédie ce livre à mes parents
sans lesquels ma vie n'aurait pas donné
ce fruit que je suis.

« Si tu ne peux être une étoile au firmament,
essaie d'être une lumière dans ta maison. »

Proverbe malgache

La vie de château

Je suis né avec les pieds plantés en terre, à proximité immédiate d'une ferme qui a constitué pour moi un terrain d'apprentissage. Je ne me suis rendu compte que beaucoup plus tard que cette cohabitation avec le monde végétal et animal avait influencé la façon dont je peux appréhender aujourd'hui l'histoire de ma vie. La ferme était exploitée par des métayers polonais qui accueillaient toujours avec bienveillance l'enfant que j'étais, répondant à ses sollicitations, tâchant de résoudre ses interrogations alors même qu'ils étaient fort occupés, travaillant beaucoup. Cet intérêt qu'on me portait me donnait l'impression que mon milieu véritable était là. Je semblais exister plus pleinement aux yeux de ces fermiers qu'aux yeux de ma famille, comme si ceux-là avaient une considération pour ma personne que je ne percevais pas parmi les « miens ». Peut-être ne correspondais-je pas à l'enfant attendu. C'est ainsi que je ressentais les choses. Ce sentiment de décalage provoquait en moi une sorte de tension mâtinée de culpabilité, comme s'il m'eût appartenu de faire quelque chose qui aurait tout changé.

D'où venait cette sensation d'un écart de conduite, voire d'un écart d'être ? Peut-être de mes premiers mois de vie. Ma mère s'était-elle sentie dépassée par la responsabilité de deux enfants alors qu'elle n'avait que vingt-deux ans ? À cette époque nous vivions dans un confort rudimentaire auquel elle n'avait pas été préparée. Elle avait quitté une famille aisée, disposant d'un personnel de maison, pour fonder un ménage aux revenus plus que modestes. Dans cette maison où elle élevait ses deux enfants, il y avait en hiver du givre le matin sur les carreaux. Une forme de vie moins rude que celle qu'avaient connue les populations des siècles précédents mais qui, néanmoins, compliquait sa tâche de jeune maman et la déstabilisait. À cette âpreté du quotidien s'ajoutait donc un manque chronique de ressources financières. Elle s'était installée avec un homme qui n'avait pas eu de formation professionnelle, la guerre ayant contribué à interrompre ses études, et qui s'était lancé, comme il avait pu, dans la vie active. L'époque était pour chacun difficile même si, enfant, je crois n'avoir manqué matériellement de rien. Le manque n'était pas là.

Ma nature indépendante me mettait en marge. Une ligne était tracée dont je me sentais toujours déviant. Mes premiers souvenirs d'école me donnaient le sentiment d'être tout à fait paumé. Je ne comprenais rien à ce qui m'était demandé. M'intéressant à des choses qui n'étaient évidemment pas au programme, je souffrais pour les matières enseignées d'un déficit d'attention. L'école du petit village de Versonnex dans le département de l'Ain accueillait les enfants tous âges confondus, autrement dit à partir du moment où ils ne faisaient plus pipi dans leur culotte, qu'ils étaient « propres », et jusqu'au terme de la scolarité obligatoire. Pour que le maître puisse adapter son enseignement à tous ces niveaux, il lui fallait imposer une discipline dont nous n'étions pas toujours capables. On passait ainsi sans transition d'une enfance vécue en toute liberté à cette collectivité faite de contraintes et d'obligations et proposant des activités qui ne présentaient pas vraiment pour moi d'intérêt. Cette privation de liberté s'accompagnait de sanctions qui consistaient à cette époque en châtiments corporels. Ce milieu contraignant avait sur moi l'effet d'encourager ma distraction, de m'empêcher d'enregistrer les consignes, de vivre sans cesse décalé. Le temps d'intégrer les recommandations données, le maître en avait déjà énoncé de nouvelles que je n'avais pas entendues. Cette impossibilité d'ajustement me prédisposait aux réprimandes et créait en moi un état d'anxiété chronique.

À la maison, je m'arrangeais pour éviter toute confrontation avec l'autorité. Ma peur du père venait en grande partie de celle que ma mère semblait éprouver à son égard et qu'elle nous a avouée plus tard. Elle venait aussi du peu de contact que j'avais avec lui. Cette peur, maman a cherché à l'identifier par la suite, au moment où elle se décida à entreprendre une psychanalyse. Ma nature indépendante s'accommodait parfaitement avec cette stratégie d'évitement. Comme si l'autorité paternelle, mais aussi toute forme d'autorité, m'empêchait d'exister selon mes propres modalités. Je ne remettais pas en cause sa légitimité, j'évitais simplement de l'affronter pour ne pas me trouver amputé de ma liberté. Tout cela procédait d'un malentendu fondamental. Ma croyance était que mes parents attendaient de moi quelque chose que je me trouvais empêché de leur donner, parce que j'étais celui que j'étais. Je m'arrangeais alors pour leur donner raison par mes actes. Il y avait là une sorte de processus névrotique visant à rendre les autres responsables de comportements dont la paternité vous appartient et à construire votre propre exclusion.

Notre maison se situait à proximité de ce que les villageois appelaient « le château », propriété, comme tous les terrains où nous habitions, de ma grand-mère paternelle. C'est avec l'argent de sa dot qu'elle avait fait l'acquisition de ce domaine dans le pays de Gex dont elle avait délégué l'administration à mon père. Elle exerçait sur tout cet ensemble une « autorité » naturelle parce que simplement tout lui appartenait. Elle avait avec ma mère une relation affectueuse mais non dépourvue d'ambiguïtés, ambiguïtés qui découlaient de son besoin de s'attacher les gens. Elle entretenait ce type de relation ambiguë avec mon père et le frère de celui-ci à travers l'argent : ils lui étaient l'un et l'autre redevables et se résignaient à cette situation de dépendance. Ce type de relation a empoisonné la vie de ses deux aînés. Il correspondait au besoin de leur mère de contrôler, en même temps qu'il exprimait chez elle une évidente rivalité vis-à-vis de l'homme. Pointé comme l'autorité suprême, mon père était en réalité une autorité déniée par sa propre mère qui décidait de tout en raison du pouvoir dont elle disposait et dont il était dépourvu.

J'ai grandi dans ces ambiances particulières qui suscitaient chez moi des envies d'être ailleurs, en compagnie des fermiers polonais ou des copains du village. Le monde se divisait alors entre une nécessité de « représentation » où je cherchais à correspondre à ce qu'on attendait de moi et cette liberté que je gagnais en m'échappant des cercles vertueux et vicieux de la famille et de l'école. Paradoxalement, puisque nous ne sommes pas, dans cette histoire, à un paradoxe près, c'est la qualité de maire du village de mon père qui participait de la considération dont les villageois me gratifiaient. En même temps, jamais il ne m'était reproché à la maison mes relations avec des personnes du village qui n'avaient à l'évidence pas reçu la même éducation que moi. Jamais je n'ai eu droit à : « Ce ne sont pas des fréquentations pour toi. » Mes parents me faisaient entièrement confiance quant au jugement que je pouvais porter sur autrui. À l'âge de onze ou douze ans, mon meilleur copain était celui qu'on considérait comme le voyou du village. On verra la place qu'il va tenir dans l'accident vers lequel ce récit s'achemine.

Si l'école était un lieu de représentation, c'était aussi celui où je retrouvais les copains et les copines, les filles occupant déjà une place non négligeable dans mes préoccupations. Aussi loin que remontent mes souvenirs, il y a une femme ou une fille. Je m'étais bien intégré dans le groupe où je tenais la place de « facilitant », car j'étais par nature assez peu querelleur – même si je n'étais pas le dernier à participer à la bagarre. Si le rapport de force n'était pas désavantageux, je ne me dérobais pas. Je rappelle que nous n'étions pas séparés par classes d'âge, mais confondus et condamnés à obtenir la faveur des plus âgés. Il ne s'agissait pas de les contrarier ou de les irriter. Cette précaire cohésion pouvait être ébranlée aussi par des questions de religion. L'école comptait une petite communauté protestante, en général d'origine helvétique, au sein d'une majorité catholique issue du pays de Gex. Cette communauté protestante était très solidaire, regroupée autour de ses deux paroisses, Ferney-Voltaire et Divonne-les-Bains, alors qu'il y avait pour les catholiques une église dans chaque village. Les catholiques allaient au « caté » avec le curé, tandis que nous avions, nous, l'école du dimanche que dispensait le pasteur. Ces enseignements étaient naturellement, dans la France républicaine, distincts de la scolarité, mais ils pouvaient néanmoins être le prétexte entre nous à quelques escarmouches.

L'autre cause de clivage pour mon grand frère et moi était notre origine bourgeoise : le « château » avec ses dépendances que nous habitions et notre nom à particule suscitaient jalousies et quolibets. C'est un nom qui avait une histoire et qui se distinguait des autres. Ma grand-mère, désormais propriétaire terrienne, était originaire d'un milieu très bourgeois de Genève, son père étant banquier, directeur d'une banque privée ce qui, dans le village, se savait. Plusieurs choses confirmaient cette distinction sociale. Nous étions les rares à posséder le téléphone et ma grand-mère conduisait une voiture, ce qui constituait un luxe impensable à l'époque pour beaucoup de gens. Nous vivions dans un environnement très protégé, entouré par un mur d'enceinte qui venait stigmatiser davantage encore cette différence. Il pouvait arriver qu'un agriculteur franchisse ce mur d'enceinte pour utiliser le téléphone afin de joindre le vétérinaire. Il s'excusait alors mille fois de déranger comme si sa présence au château lui paraissait définitivement importune, voire saugrenue. Ce qui nous distinguait aussi, c'est que lorsque venaient les vacances d'été, nous partions chez mes grands-parents maternels qui habitaient Genève et qui possédaient une maison sur la côte ligurienne, en Italie. Pour tous ces enfants du village, il n'était tout simplement pas pensable de quitter le pays de Gex. La notion de congés payés n'existait pas à la campagne. Dans un milieu rural, on travaillait sept jours sur sept et douze mois sur douze. C'était un milieu fermé, archaïque du point de vue des échanges, pour qui un déplacement à Genève, pourtant à quelques kilomètres, était une aventure. Le fait que je puisse avoir accès à ces mondes interdits à mes camarades ou qu'ils s'interdisaient, que je leur raconte mes échappées me valorisait considérablement à leurs yeux – alors que personne dans ma famille n'aurait évidemment prêté la moindre attention à mes histoires.

L'intérêt qu'on manifestait à cette époque pour le monde des enfants ou des adolescents était réduit ou nul. Nous n'avions pas encore basculé dans le culte des enfants rois, bien au contraire puisqu'il s'agissait de les formater et de les dresser. Je dois ajouter que j'avais un frère de dix-neuf mois mon aîné, un hyperactif fort envahissant qui, en général, captait beaucoup d'attention. On dit souvent que le premier-né est le lieu des projections positives tandis que le second est celui des projections négatives. J'étais donc un second, tout comme mon père et ma mère. Nos positions dans la fratrie eurent des conséquences non négligeables sur mon devenir. Je venais ainsi cristalliser un ensemble de situations dont l'un et l'autre, parce qu'ils étaient des cadets, avaient dû souffrir. Cela permet-il d'expliquer que mon père ne savait pas s'y prendre avec moi et qu'il s'en plaignait ? On m'avait rapporté que, tout petit, il m'avait tapé sur la main et que j'avais répondu : « M'a pas fait mal ! » Il m'en avait aussitôt collé une deuxième, à laquelle j'avais réagi de la même façon. Et ainsi de suite jusqu'à ce que, en larmes, d'une toute petite voix, je répète : « M'a pas fait mal ! », et qu'il baisse le bras. C'est cette force de caractère qui me garantissait mon espace de liberté qu'il n'osait pas empiéter. Parce que j'avais compris qu'il ne renoncerait jamais à avoir le dessus, je préférais l'éviter. En même temps j'avais un furieux besoin de lui, de structuration, de cadre, mais du cadre qui accompagne, non de celui qui limite. Mon accident, et la manière dont il est survenu, n'a pas contribué à diminuer sa gêne.

Ma mère se servait de cette figure redoutée pour faire pression et obtenir de nous ce que nous tardions à donner. Elle était, contrairement à lui, très spontanée, très physique dans son affection. On recevait d'elle à travers ces manifestations très corporelles de sa tendresse un message d'amour qui nous était essentiel. Elle avait souffert de carences au cours de sa jeunesse et n'avait pas appris à exprimer son affection, même vis-à-vis de ses enfants, en un jour. Mes deux parents, deux seconds dans l'ordre familial, éprouvaient bien des difficultés à donner ce qu'ils n'avaient pas reçu. Cette situation avait néanmoins déterminé chez moi des stratégies résilientes et contribué à forger mon caractère. Pourtant ces stratégies d'évitement plus que de confrontation me laissaient solitaire quand j'avais tant besoin d'eux. Pour susciter leur attention et leur intérêt, je me trouvais condamné bien souvent à franchir les limites assignées à ma liberté. Le pays de Gex était pourtant bien minuscule pour qui espérait accomplir ses bêtises dans l'anonymat. Chacun savait que j'étais le fils du maire de Versonnex. Mes exploits finissaient toujours par revenir à ses oreilles.

Enfance buissonnière

J'ai été, enfant, un grand rêveur. J'avais mille façons d'échapper au réel plombant, une capacité à me dissocier phénoménale, ce qui me jouait pas mal de tours puisque je n'entendais en général pas les consignes qui m'étaient adressées. Il fallait alors que je bride cette urgence de partir ailleurs que là où j'étais supposé être. Cet instinct de la fuite ressurgit parfois au cours de mes lectures. Un mot suffit à m'embarquer. Une partie de mon attention reste rivée à ma lecture qui se poursuit alors que je me suis absenté. Si ce que je dois lire m'ennuie, si mon interlocuteur ne sait pas capter mon attention, je dispose de cette protection pour m'échapper. Elle est celle que je mettais en œuvre enfant lorsqu'il s'agissait de ne pas subir la loi assommante des adultes.

Cela me remémore cette pratique adoptée très

jeune de battre la campagne. Je suivais les chemins de mon imaginaire. Une horde d'Indiens me prenait en chasse et m'obligeait à user de mille ruses pour sauver ma peau. Je partageais parfois ces à-côtés avec les copains, le film d'Yves Robert *La Guerre des boutons* évoquant très bien le monde que nous avions en commun. Occupés que nous étions par nos jeux du matin au soir, l'école ne donnait pas l'impression de pouvoir sérieusement nous en divertir. L'école où je n'étais pas du côté des forts en thème, loin s'en faut, mais où il m'est arrivé une fois tout de même d'être le premier dans ma catégorie d'âge. Il s'agissait d'une simple dictée à laquelle, pour la première fois de ma vie, j'avais fait zéro faute. Rentré à la maison, je claironnai mon succès que mon frère Jacques ramena aussitôt à sa dimension véritable : j'avais obtenu la meilleure note à la dictée, cela ne signifiait pas que j'étais le meilleur de la classe. Le premier c'était lui. J'en avais ressenti une cinglante humiliation. Un peu comme celle que j'avais vécue un de ces jeudis que nous passions chez mes grands-parents à Genève. Mon oncle, le frère de ma mère, présent à cette occasion, m'avait demandé quelle place j'occupais au classement scolaire et j'avais répondu que j'étais quatrième.

– Mais sur combien ? m'avait-il questionné.

J'avais fait un rapide décompte, condamné à ne retenir que les enfants qui concouraient dans ma classe d'âge, et répondu :

– Sur six.

– Ah ! Tu es donc avant-avant-dernier ?

Je me rends compte a posteriori que ces petites moqueries sont bien pires que les claques qui, elles, ne laissent pas forcément de trace. L'humiliation qu'essuie l'enfant, surtout lorsqu'elle lui est infligée par un proche, est une blessure pérenne. Cette quatrième place ne laissait rien préjuger après tout de ce qu'étaient ma moyenne et donc mes résultats réels. Mais ce qui intéressait en général les adultes, c'était le rang et l'obsession de remettre l'autre à sa place. Une conversation avec un enfant sur sa singularité, sur ce qui le captivait réellement, les adultes en étaient en général incapables. Pour masquer cette incapacité, ils cherchaient à piéger l'enfant là où il était « piégeable », autrement dit dans ses vulnérabilités, en lui faisant comprendre qu'il n'était de toutes les manières pas un interlocuteur digne d'intérêt ou de confiance. C'est ce qui est particulièrement détestable dans l'approche qui est faite du monde de l'enfance. L'enfant n'a de crédit que dans la mesure où il correspond aux critères des adultes, lesquels témoignent d'une totale infirmité imaginative. Le monde de l'enfant est un monde d'une extrême richesse puisqu'il procède de sa capacité à réagir, à rebondir, à imaginer sans cesse lorsque celui de l'adulte est façonné par le principe de réalité, avec un balisage de plus en plus restrictif jusqu'à la démence finale et cette perte presque complète de ce qui aurait pu continuer à le faire se développer tous azimuts. Hors de cette direction unique sur laquelle sa vie s'est refermée, « mono-azimut », rien ne trouve plus grâce à ses yeux. Les êtres « égarés » hors du droit chemin ne méritent pas leur respect, leur clémence, ils ne méritent pas d'appartenir au monde commun. Ils en sont définitivement exclus. Je songe ici à ceux qui sont devenus des délinquants parce que la société dans laquelle on les invite de manière agressive à s'inscrire ne leur permet pas d'exprimer ce qu'ils sont.

Ma grand-mère maternelle chez qui se situe cet épisode s'occupait à cette époque de foyers de jeunes délinquants qu'elle avait créés, les Foyers Feu Vert, dans une perspective éminemment sociale et chrétienne. Elle était capable de comprendre qu'il ne s'agissait pas de condamner ces êtres en échec et en révolte mais de chercher à les intégrer autrement. En même temps, elle avait reçu au début du siècle une éducation contraignante, presque persécutoire, qui l'avait formatée et préparée à vivre dans un monde de valeurs très balisées. Demeurait chez elle, néanmoins, cet instinct pas totalement étouffé de la justice et de l'équité, instinct inspiré de l'esprit chrétien dans ce qu'il a de plus remarquable. Preuve que les êtres ne sont pas totalement empêtrés dans les dogmes auxquels les assujettit leur éducation. Une brèche demeure. La tentation de ne pas adopter le conformisme ambiant mais de chercher à découvrir d'abord ce que l'on est et, à partir de cette secrète dissidence, de se révéler. Les collabos sont ceux qui ne croient pas posséder les ressources nécessaires pour remettre en question le modèle proposé ou qui sont de ce fait aimantés par lui. Entre la peur et l'attirance, ils ont renoncé à questionner leur nature véritable. Les résistants qui ne veulent pas d'une vie qui ne correspond pas à leurs besoins sont toujours rares.

La remarque de mon oncle faite devant mes grands-parents m'avait déboussolé. Je l'avais retournée plusieurs fois dans ma tête avant de revenir dans la maison que j'avais fuie un instant pour les retrouver, les adultes, prenant leur café. Je m'étais planté alors devant eux en clamant haut et fort :

– J'en ai trouvé un septième !

Preuve que l'idée du classement nous obsédait tous, grands et petits, que nous appartenions à une société qui en favorisant cette compétition entre les êtres passait à côté de l'essentiel. Je n'étais pas scolaire. Mes bulletins portaient invariablement la mention : « Peut mieux faire. » Autant de signaux qui restaient pour ma famille lettre morte. En dehors des remontrances, personne n'était en mesure de m'accompagner dans ma trajectoire propre. De quoi a besoin un enfant ? Qu'on chemine à ses côtés. Pour toutes les raisons que je rassemble et questionne ici, mes parents n'en avaient pas les moyens. Il ne s'agit pas d'en vouloir à ceux qui n'ont pas pu faire mieux que ce qu'ils ont fait mais de comprendre pourquoi et comment on s'est débrouillé sans l'aide et la compréhension qu'on quémandait. Il n'est pas possible de juger.

Mon adolescence fut marquée par l'arrivée d'une musique pour les jeunes. Nous avions l'impression que les chanteurs et les chanteuses français s'adressaient directement à nous. Leur percée dans le monde des adolescents s'accompagnait chez ces derniers du suréveil de la sexualité. Je n'ai personnellement jamais eu le sentiment de vivre une époque de latence. J'avais toujours eu les filles dans mon collimateur et surtout à partir du moment où elles s'étaient mises à devenir gentiment des femmes. Mon intérêt soudain redoublait. La découverte fortuite de l'orgasme, un matin, au cours d'un rêve, cette sensation intense d'un éclair qui zèbre tout le ciel de votre vie, avait marqué l'entrée dans une dimension inconnue qui tout d'un coup me happait. J'avais onze ans et cela s'apparentait à une manière de récompense que mes performances à l'école ne pouvaient me garantir. Le plaisir, lui, semblait gratuit, insondable, mais il compensait bien des frustrations. Je devenais un homme et rien, si on veut bien en prendre conscience, n'était plus vertigineux. J'ai toujours considéré que pour un garçon devenir adolescent c'est devenir un chasseur quand, pour une fille, c'est devenir un gibier. Il n'est pas confortable d'être un gibier, pas davantage que pour un chasseur d'être bredouille. L'un et l'autre ne partagent pas la même angoisse.

L'adolescence était aussi pour moi une liberté

de déplacement supplémentaire : je disposais désormais d'un vélomoteur. J'avais franchi une frontière. J'étais grand chez les petits même si je restais petit chez les grands. Nous allions acheter des cigarettes non pas dans notre village, ce qui se serait su immédiatement, mais de l'autre côté de la frontière, à Sauverny où se trouvait un débit de tabac. Je courais peu le risque d'être démasqué à la maison puisque mes deux parents fumaient. J'ai quitté aussi à cette époque l'école communale pour rejoindre le collège d'enseignement général à Gex. Mon monde s'agrandissait, mon corps se transformait. Je perdais peu à peu les repères de l'enfance.

J'avais quatorze ans lorsque le frère cadet de mon père dont je me sentais très proche fut emporté à trente-trois ans par un sarcome, un cancer du tissu conjonctif. On ne développe pas ce genre de maladie s'il n'existe pas un climat favorisant son développement. Pour des raisons qui nous demeurent hermétiques, le sujet n'a pas alors conscience du climat intérieur hautement toxique dans lequel il se trouve. Cette forme d'acceptation s'apparente pour moi à une sorte de suicide inconscient. On ne peut faire abstraction du « terrain » pour expliquer le développement d'un tel cancer. Mais ne tenir compte que du « terrain » témoigne d'un manque flagrant d'imagination. La médecine actuelle est encore incapable de prendre en compte la dimension psychosomatique de la maladie. L'approche est en même temps tellement dérangeante. Il faudrait accepter l'idée que le patient n'est plus une victime. Il a, au contraire, accès à la compréhension de phénomènes intrapsychiques. Notre vie n'a de sens que si elle nous conduit à vivre en adéquation avec ce que nous sommes, avec les outils dont nous disposons. Certains éléments ne dépendent bien entendu pas de nous. Je ne saurais empêcher que ne survienne demain une soudaine glaciation. Mais dans des conditions favorables, comment se fait-il que nous puissions mourir de maladie si ce n'est que nous avons renoncé à vivre ce que nous sommes ? Une précarité intérieure s'installe qui favorise la maladie et la mort. La disparition de cet oncle, être plein de charme et très aimé, plomba soudain l'atmosphère. Chacun perdait en lui un être cher, qui un fils, qui un frère, qui un oncle, qui un père puisqu'il laissait deux enfants en bas âge. La famille tout entière fut atteinte.

Mon année de cinquième s'achevait par une tragédie familiale. Mon correspondant allemand effectua durant l'été un séjour linguistique à la maison puis je séjournai un temps équivalent chez lui. Il n'existait aucune complicité entre nous. Il s'agissait d'un intellectuel qui passait son temps dans les livres – il devint plus tard maire de Francfort. Ce fut aussi l'époque où mon frère quitta la maison pour faire sa seconde en internat à Thonon-les-Bains. Il me restait un petit frère qui allait sur ses cinq ans. J'étais désormais le grand, situation qui devait expliquer un assez bon premier trimestre en classe de quatrième. Il s'ensuivit, malheureusement, un deuxième trimestre calamiteux sanctionné par la menace d'un redoublement. Mon père qui m'évitait et que j'évitais savait que j'allais lui faire signer mon carnet, que le carnet ne serait pas l'expression d'une apothéose scolaire, mais ne disait rien. Les vacances de Pâques débutaient et il avait décidé d'attendre. Une épreuve de force s'engageait. Il souhaitait que je vienne de moi-même lui présenter mon carnet. Voyant que rien ne s'annonçait, il m'avait interpellé pour me dire simplement :

– Tu n'attendras pas le dernier jour.

Je l'ai évidemment pris au mot pour le lui présenter l'avant-dernier jour des vacances. Au lieu de venir au-devant de moi et de m'inviter à discuter de mes résultats, il avait, tout comme moi, repoussé l'échéance et cherché à gagner du temps, redoutant ce qu'il craignait par-dessus tout, l'échec scolaire de son fils vécu comme sa propre insuffisance. Toujours absent, il était dans l'incapacité d'accompagner et il le savait. En cas d'échec, qu'est-ce qu'il aurait bien pu faire ? La seule réplique possible était la sanction et je la sentais approcher.

L'accident

Lorsque je lui ai présenté mon carnet, les sanctions étaient déjà prises. À la vue de mes résultats, il avait décidé de mesures extrêmement contraignantes, mais sans prendre l'initiative de s'impliquer davantage. Il aurait pu convenir que ma déroute scolaire légitimait son soutien, qu'elle traduisait un besoin de sa présence et qu'en conséquence nous étions deux à pouvoir redresser la situation. Il aurait fallu pour cela qu'il rentre plus tôt à la maison pour me faire travailler, mais il était trop préoccupé de séduire les femmes qu'il rencontrait. Ma mère devait probablement le savoir. Elle ne se voilait pas la face quant à ses difficultés conjugales, que pour ma part j'ignorais à l'époque. La psychanalyse qu'elle avait commencée constituait un autre élément déstabilisant pour lui. Le sentiment d'impuissance à mon égard avait engendré sa colère, comme le petit enfant qui se met à taper des pieds.

Le lendemain, dernier jour des vacances où j'aurais dû rester à la maison comme il me l'avait intimé, j'ai profité d'un certain flou dans la consigne pour partir m'amuser avec mon copain, le voyou du village, à dénicher des nids de pie, une de nos occupations préférées. La perspective d'enregistrer désormais mes leçons sur un magnétophone tous les soirs, enregistrements que mon père aurait écoutés en rentrant de son travail – et où aurait-il trouvé soudain du temps à me consacrer, fût-ce par enregistrements interposés ? – pesait lourdement sur cette dernière journée de vacances. Je me voyais dans la situation de remplir des formulaires que personne n'allait lire. La sanction valait pour moi une incarcération. L'avenir s'était fermé et j'avais ruminé cette pensée la journée entière. Je ne voyais aucune échappatoire. La fin de la journée arrivait, et j'avais songé que la seule issue pour sortir de l'impasse où mon père m'avait poussé était qu'il se passe quelque chose. Je n'avais pas d'idée plus précise – je pensais vaguement à un accident. Nous traînions au pied des arbres et, dans ma détresse, je reculais le moment de rentrer à la maison.

C'est dans ces confins du jour, à la fin de mes vacances, qu'a eu lieu le drame. J'ai fait une chute de quinze mètres d'un peuplier au sommet duquel j'étais monté dénicher un nid de pie. La chute m'a été presque fatale. Je souffrais d'une fracture du palais, de fractures de côtes qui avaient perforé le poumon, de fractures dans l'épaule droite, de fractures au niveau des sixième, septième et huitième vertèbres dorsales qui avaient occasionné une paraplégie immédiate. La chute m'avait polytraumatisé. Une fracture de la première cervicale fut même détectée une année après mon accident. C'était un miracle si j'étais encore vivant. Je n'ai évidemment aucun souvenir d'avoir escaladé cet arbre ni d'ailleurs de ma chute. Un trauma crânio-cérébral avait effacé ma mémoire et ma capacité de mémorisation.

C'est ce copain monté avec moi dans le peuplier qui est allé chercher du secours. Ne me voyant plus au-dessus de lui, il m'avait cherché un moment pour finir par me découvrir étendu, quelques mètres plus bas, au pied de l'arbre. C'est lui qui m'a sauvé la mise. Je n'aurais jamais pris la décision d'escalader sans lui ce peuplier. Il m'accompagnait ainsi d'une certaine façon dans l'ascension comme dans la chute. Il était maintenant terrorisé à l'idée de la rouste qu'il allait recevoir de la part d'un père violent.

Rien à voir avec l'effroi absolu où se sont trouvés mes parents lorsque le drame leur a été rapporté. Je peux imaginer la culpabilité qu'a dû ressentir mon père à cet instant. J'ai compris en étant père à mon tour à quel point les parents sont des proies faciles pour la culpabilité. Sur le moment, je n'avais pas fait ces rapprochements. Durant toute mon hospitalisation, il est venu me voir une fois, une seule fois, un soir, tout simplement parce qu'il ne supportait pas de rentrer dans un hôpital où il redoutait toujours de tomber dans les pommes. Vous lui racontiez une simple histoire d'opération, il se sentait mal. Que mon père ne vienne pas me voir alors que, plus que jamais, j'avais besoin de lui, je l'acceptais sans explication. C'était le quotidien de ma relation avec lui. Pour maman, il n'existait pas de bonne ou de mauvaise raison de ne pas venir tous les jours me soutenir, me tenir compagnie.

Je reste treize mois à l'hôpital cantonal avec trois premiers mois cauchemardesques. Je passe d'épreuve en épreuve. Ma santé s'altère. Une septicémie est diagnostiquée. Le personnel soignant ne dispose pas d'antibiotique permettant d'attaquer les germes incriminés. Le pronostic vital est engagé. Je suis sur mon lit d'hôpital, abandonné dans un milieu que je ressens comme hostile, où rien ne m'est expliqué, et je me sens mourir. L'expérience de « passer » s'est inscrite à jamais en moi. Je suis sauvé par la mise sur le marché aux États-Unis d'un antibiotique que l'hôpital commande et reçoit à temps. Je me souviens qu'au cours d'un épisode de fièvre intense, dans un état délirant, je m'adresse à mon corps, lui recommande de ne pas bouger, que cela est dangereux pour lui, de bouger ! En raison de ces poussées de température, j'ai constamment froid. Je frissonne et me contracte. Je claque des dents. Quant à mon corps et à cette partie qui ne réagit plus quand je l'ordonne, le traumatisme est moins de ne plus pouvoir lui commander de bouger, que de ne pouvoir désormais la sentir. Lorsque nous bougeons normalement notre jambe, nous sentons un mouvement par toute la proprioception qui nous renseigne sur le fait que nous faisons bouger en effet notre jambe. Dans le cas d'une paraplégie, il faut désormais faire une différence entre la partie sus-lésionnelle restée intègre où le mouvement, quel qu'il soit, est renseigné, et la partie sous-lésionnelle à propos de laquelle le schéma corporel reste identique à lui-même : j'ai toujours deux jambes et deux pieds, mais qui cessent d'interagir avec le reste de mon corps. Vous cherchez avec votre main ce corps à propos duquel vous ne ressentez plus rien et vous trouvez un corps étranger – de la même façon qu'à la suite d'une anesthésie chez le dentiste, votre langue rencontre votre gencive sans que celle-ci puisse vous en informer en retour. Deux parties de votre corps se rencontrent, mais vous n'êtes prévenu que par une seule des deux. À la différence de l'anesthésie où l'un des protagonistes de la rencontre disparaît provisoirement, la coupure est ici définitive. Il faut alors des années pour se réapproprier ce nouveau corps et pour le reconnaître comme sien. Lorsque je mets aujourd'hui mes mains dans mes poches et que je touche mes jambes, ce sont mes jambes. J'ai même parfois l'impression de sentir quelque chose.

Le personnel de l'hôpital évite d'aborder le sujet et je l'évite pareillement. Je n'ai pas envie de me retrouver avec une réponse dont je ne saurais que faire. Je garde l'idée que je vais remarcher même si, au profond de moi, tout me dit que ce ne sera pas le cas. Le seul qui affronte le problème est le médecin-chef du centre de rééducation,

Alain Rossier, lui-même paraplégique. Il est dans sa chaise depuis neuf ans. Un ami a plongé dans une piscine pour lui atterrir sur le dos, lui brisant la colonne, la veille de son examen final de médecine. Il se trouve que ce médecin qui a été soigné au centre de rééducation de Fontainebleau, puis au Stocke Mandeville Hospital à Aylesbury, en Angleterre, l'unité de pointe en matière de paraplégie, puis aux États-Unis où il a terminé sa spécialité médicale, est un cousin issu de germain de maman. Lorsqu'il reçoit ma mère le soir de mon accident, le 22 avril 1965, il pose rapidement son diagnostic en regardant les radios et dit : « Deux dans la famille, ça fait beaucoup. » Maman refuse bien entendu de souscrire à ce verdict sans appel. Aucune mère ne peut accepter pour son enfant l'irréparable. Elle ne me transmet donc pas le point de vue couperet du médecin-chef et on se trouve plusieurs semaines dans la situation de savoir sans savoir.

En même temps je vivais au milieu d'autres grands accidentés. En dehors des cas où les patients récupéraient rapidement parce qu'ils souffraient de lésions d'une moindre intensité – ce qu'on appelle en langage médical « lésion incomplète », alors que la mienne était complète et symétrique –, la majorité d'entre nous ne goûterait pas au miracle. Nous disposions chacun, en fonction des mensonges entretenus, d'un espace et d'un temps plus ou moins amples pour faire notre deuil. Plus vite, au fond, nous nous montrions aptes à affronter la vérité, à savoir que nous ne marcherions plus, plus vite nous pouvions commencer à faire ce deuil nécessaire. Le processus de deuil commence en général le jour où nous pouvons constater la mort de notre proche, parce que nous nous sommes rendus à ses funérailles et que nous avons pu avoir la preuve de sa mort. Le deuil est plus difficile ou impossible s'il s'agit d'une disparition, ou si le corps n'a pu être retrouvé, si on doit affronter des suppositions et des hypothèses. Tant que la preuve ne nous a pas été infligée, la porte reste entrouverte à une espérance. Dans mon cas, quelle était la preuve que le monde médical était prêt à nous opposer ? La radio montrait-elle que la moelle épinière avait été sectionnée ? Non, elle n'était pas sectionnée. Elle avait été comprimée par un très fort hématome qui avait bloqué l'alimentation sanguine. En l'absence d'alimentation en oxygène pendant plus de trois minutes, une cellule nerveuse meurt. Le cordon médullaire avait dégénéré pour se transformer en tissu cicatriciel. J'ai découvert les radios de ma colonne environ cinq mois après ma chute. Il est difficile dans ce cas de parler d'empressement. C'était aussi une époque où le monde médical n'expliquait pas et où les patients ne demandaient rien.

Entrée en paraplégie

Je partageais ma chambre avec d'autres patients souffrant de trauma crânien, de tumeur cérébrale, de tétraplégie avec des problèmes respiratoires justifiant le recours à une trachéotomie. Le spectacle n'était pas vraiment réjouissant. De mon côté, il me fallait faire progressivement l'apprentissage de ce corps mort et de la certitude qu'il ne reviendrait jamais plus à la vie. La difficulté augmentait du fait qu'à cet âge – j'avais quinze ans au moment où je suis entré à l'hôpital –, on n'est pas encore propriétaire de son projet de vie, pas plus que de son corps. Si ma vie ne m'appartenait pas, c'étaient mes parents que ma paraplégie pénalisait en premier lieu. Mon accident avait brisé leur vie. J'étais tout au plus une sorte de gérant et pas davantage. Je m'occupais d'ailleurs assez mal de ce corps. Il m'était par exemple demandé de boire beaucoup d'eau, mais personne n'étant là pour s'assurer que j'appliquais la consigne, je n'en faisais rien. Cela causa très probablement la septicémie qui mit mon existence en danger.

Ma famille se plaignant que je n'avais pas de soins adéquats dans ce service, on me transféra en pédiatrie. L'atmosphère changea du tout au tout. Je peux dire aujourd'hui, sans exagération, que c'est à l'âge de quinze ans que débutèrent mes études de médecine. Par mon expérience, par mes observations, j'allais disposer d'un bagage exceptionnel pour m'aider à me représenter, devenu thérapeute, ce que vivent les patients. La vie m'avait interpellé de façon assez peu aimable, il est vrai. Mais c'était l'occasion inespérée pour moi – une chance ! – de réaliser que la vie n'est jamais aimable, qu'elle est au contraire éprouvante, qu'elle nous interpelle en permanence pour nous amener à connaître et à mobiliser nos ressources. C'est cette interpellation continue qui nous fait progresser. La vie sans cette interpellation n'est pas la vie. C'est le monde de Pinocchio où l'on finit par devenir des ânes. C'est le refus de la réalité qui rend bien souvent les choses catastrophiques.

Le service de pédiatrie s'apparentait un peu à l'infirmerie après les trois mois de torture que je venais de subir. Je prenais progressivement la mesure de mon épreuve et participais davantage au projet de soin qui me concernait. Le personnel dans son ensemble, puisqu'il s'agissait d'un service spécialisé dans l'accueil des enfants, se montrait plus attentif. Je disposais désormais d'un chariot plat sur lequel j'étais allongé et avec lequel je pouvais circuler dans tout l'hôpital et le jardin. J'y rencontrais des enfants plus jeunes que moi. C'était une période de latence. Nous attendions que je sois en mesure de gagner le centre de rééducation de Beau-Séjour. Dans mon esprit, je persistais dans l'idée que je devais pouvoir me remettre bientôt à marcher. Les jours se suivaient et se ressemblaient, rythmés par le rituel hospitalier. Environ toutes les quatre heures, pour éviter les escarres, les infirmières me changeaient de position. Ayant subi une triple fracture à l'épaule droite, je ne pouvais m'allonger que sur le dos et sur le côté gauche. Durant le temps de ma septicémie, j'ai développé ce qu'on appelle une escarre sacrée qui eut pour conséquence de retarder ma mise en fauteuil roulant.

Ma foi dans mes aptitudes réparatrices fut

véritablement ébranlée à Beau-Séjour. Je me retrouvais soudain parmi d'autres paraplégiques en fauteuil roulant, comme moi. Il s'agissait d'une grande propriété située à Champel, un quartier résidentiel de Genève, où se dressait une maison de maître appelée le « pavillon Louis XVI », de même qu'un complexe hospitalier de rééducation, relié à l'hôpital cantonal par un souterrain. Le personnel qui œuvrait à Beau-Séjour sous la conduite d'Alain Rossier était plus au fait des enjeux de la rééducation et notamment de tout ce qui concernait la sphère urologique. Avec la paraplégie, toutes les fonctions automatiques sont placées hors contrôle. Le patient ne peut plus les commander. La vessie ne se vidangeant plus, la pratique était à cette époque de poser une sonde à demeure. Longtemps après mon hospitalisation, cette technique a été remplacée par les sondages intermittents, la présence permanente de la sonde dans la vessie pouvant créer comme tout corps étranger un état inflammatoire chronique à l'origine d'infections urinaires à répétition.

Dès mon arrivée à Beau-Séjour, désormais appareillé, c'est-à-dire porteur d'une sonde à demeure, ma rééducation vésicale fut entreprise.

Il s'agissait de mesurer la réactivité de la vessie, sa capacité à se contracter adéquatement pour se vidanger, l'important étant qu'elle ne conserve pas ce qu'on appelle un « résidu » pouvant devenir un bouillon de culture. Les antibiotiques étaient alors en plein développement. Mais placer quelqu'un sous antibiothérapie pendant des jours et des jours c'était lui faire courir le risque des effets secondaires et favoriser l'apparition de germes résistants. Je n'abordais pas seul cette rééducation qui s'annonçait nécessairement longue, mais en compagnie de mes nouveaux camarades d'infortune. Leur présence constituait un soutien non négligeable. Nos soignants nous accompagnaient sur le chemin d'une prise d'autonomie grandissante que nos déplacements en chaise roulante favorisaient désormais. Nous n'étions plus rivés à nos lits ou à nos chariots d'hôpital mais pouvions circuler, nous donner l'illusion de nous mouvoir librement. Cette prise d'autonomie passait par un renforcement musculaire de cette partie du corps chargée désormais d'assurer la locomotion, les kinés n'y insistant pas assez à mon sens. Il n'y a pas de secret. Si vous voulez être indépendant avec votre chaise roulante, vous devez en avoir musculairement les moyens.

C'est une fois à Beau-Séjour que j'ai passé mes premiers week-ends à la maison. J'avais quitté Versonnex au commencement d'un printemps assez tardif et j'y revenais en automne. J'avais appris à faire le transfert de ma chaise au siège de la voiture et j'avais pu ainsi m'installer au côté de maman venue me chercher. Pour la circonstance, elle avait préparé un lit de fortune au salon, situé au rez-de-chaussée. Les week-ends suivants, papa m'a pris dans ses bras pour me monter à ma chambre que j'ai pu provisoirement réintégrer. Il est vrai que j'avais beaucoup maigri et ne pesais plus bien lourd. Puis il a fait installer un ascenseur à l'extérieur pour me permettre de monter à l'étage. Il s'agissait d'un gerbeur d'entrepôt transformé pour les besoins de la cause. Même revu et corrigé, le gerbeur ne correspondait pas aux normes de sécurité, mais un véritable ascenseur aurait coûté trop cher et nous ne disposions pas des moyens nécessaires.

J'avais eu avant mon accident quelques flirts adolescents qui n'étaient pas même allés jusqu'à un baiser sur la bouche. Le baiser représentait un seuil qu'il n'était pas encore question de franchir.

Il était devenu désormais crucial pour moi d'engager une relation amoureuse avec une femme et d'une manière très étonnante, mon accident ne m'avait pas fait perdre ce cap de belle espérance. Je ne considérais pas que mon handicap puisse constituer un quelconque empêchement, soit que je me sois persuadé de pouvoir prochainement marcher, soit que cette relation amoureuse appelée de mes vœux ait excédé toute autre considération. Il me fallait néanmoins m'administrer à moi-même la preuve que ma situation ne constituait pas un handicap pour entrer dans une relation sérieuse avec une fille. L'occasion m'en fut donnée au cours de mes premiers mois d'hospitalisation. J'avais fait la connaissance d'une jeune fille qui venait voir très régulièrement mon voisin de lit qui se trouvait être son parrain. La première fois qu'elle s'assit sur le bord de son lit, je ressentis un vif émoi. Nous avions commencé à flirter et je voyais bien que mon état, si grave fût-il, ne la rebutait pas. Si j'avais conservé quelques doutes sur mes aptitudes à entrer dans une véritable relation amoureuse, j'en fus définitivement délivré le jour où nous échangeâmes un premier baiser. Nous nous trouvions elle et moi dans l'ascenseur, moi sur ma chaise roulante et elle sagement à mes côtés. Nous disposions de peu de temps avant que l'ascenseur ne parvienne à destination, et nous le mîmes à profit pour nous embrasser. Mon premier baiser! Ce premier contact charnel dans cet ascenseur qui montait, cet échange voluptueux fut pour moi une expérience bouleversante. Il gommait instantanément toute la réalité pesante de mon handicap. L'ascenseur gagna sa destination trop vite et il nous fallut nous interrompre. Il faut bien se rendre compte qu'au milieu des années 1960, les mœurs n'étaient pas ce qu'elles sont aujourd'hui. Les jeunes gens n'auraient pas songé à s'exposer aux yeux des adultes. Mais ce baiser qui n'était pas volé mais consenti m'avait transporté dans un état paradisiaque où la gêne du handicap s'évanouissait.

Cette relation ne dura que quelques mois, mais elle constitua pour moi un vrai soutien, un élan. Elle me rendait visite aussi souvent que possible, s'asseyait sur mon lit, se collait à moi, m'enlaçait. C'était braver tout d'un coup les interdits, donner à voir à mes voisins de lit, au personnel hospitalier, quelque chose qui tenait de la relation intime.

En même temps l'hôpital est traditionnellement le lieu de tous les fantasmes, comme si le désir constituait une manière de rempart au vertige de la mort infiniment présente. Thanatos convoquait Éros pour rendre notre séjour supportable. Il y avait sans doute aussi chez moi un puissant besoin d'être aimé qui était à l'œuvre. Agissait aussi une curiosité précoce pour les filles, leur anatomie, comme dit Brassens, leurs secrets. Aussi loin que je m'en souvienne, j'ai toujours profité de ce que, enfants, nous jouions au papa et à la maman, ou au docteur, pour explorer, avec toute l'érotisation qui va avec la découverte. La violence inhérente à l'acte sexuel n'est absolument pas gérable par l'enfant. La sexualité infantile évolue au moment où l'adolescent est en mesure d'assumer cette violence. S'il y a passage à l'acte et s'il ne se trouve pas en mesure de gérer la situation, il y aura un traumatisme qui laissera une cicatrice profonde et durable. C'est le cas des enfants abusés par des adultes. Mon accident n'avait rien altéré de mon intérêt pour l'anatomie féminine, bien au contraire. Preuve que la sexualité est dans la tête et qu'un handicap qui affecte le corps, si grave soit-il, ne saurait en diminuer la puissance. Le handicap va empêcher ses opportunités d'expression. Il m'avait été donné de rencontrer, dans le cadre de l'hôpital, une partenaire qui m'avait aidé à franchir l'étape du baiser et avait contribué à me faire entrer dans la relation tant désirée. Celle-ci n'avait pas rencontré d'obstacle chez mes parents pour qui il n'existait à l'encontre de ces expressions de la sexualité adolescente aucun tabou. En un mot, ce baiser avait semblé me réparer mieux que six mois de soins et de traitements intensifs.

Une éducation sexuelle

Je jouissais à Beau-Séjour du statut de benjamin et de chouchou. Il y avait à mon égard une attitude enveloppante de la part du personnel soignant. Je pouvais réclamer des bisous aux infirmières qui me les accordaient sans y voir d'équivoque et j'en abusais. La relation à la femme se poursuivait par le biais de l'attention très maternante dont j'étais l'objet. Certaines de ces infirmières m'excitaient plus que d'autres et je redoublais d'efforts pour les attirer vers moi sous un prétexte ou un autre. Par chance pour moi, l'hôpital était un monde très féminin. Pendant la première période de mon hospitalisation, j'avais pu compter sur les soins d'une kiné particulièrement ravissante – elle ressemblait à Romy Schneider. Elle venait régulièrement mobiliser mes jambes pour éviter les ankyloses et se montrait toujours affectueuse. J'étais éperdument amoureux. Elle était châtain clair, avec une peau de pêche irrésistible, des yeux bleus. Comment dans ces conditions imaginer me plaindre de mon sort ? Cette ravissante créature fut remplacée par une grande femme rousse, pleine de taches de rousseur et aussi rude que la précédente était attentionnée et gracieuse dans ses gestes. Quand elle me disait : « *Mein Schatz !* » (« Mon trésor ! »), j'étais terrorisé à l'idée qu'elle n'en profite pour me donner un baiser, ne la trouvant pas du tout à mon goût. L'art de séduire pouvait ainsi se retourner contre soi ! Bien que rien de ces marques d'attention n'excédât le cadre de l'affection et du soin, elles étaient pour moi le prétexte à fantasmer à partir de toutes ces situations de proximité en attendant le jour où je pourrais passer aux choses sérieuses.

Les choses sérieuses paraissaient cependant reportées à des échéances lointaines, peut-être aux calendes grecques, ces situations d'excitation ne s'accompagnant pas dans mon corps des manifestations qui sont l'expression habituelle du désir. Les érections chez un paraplégique sont réflexes et n'ont rien à voir avec le désir. Cela peut occasionner d'ailleurs des situations de soins cocasses. L'infirmière qui entreprenait de faire notre toilette pouvait provoquer malencontreusement une érection réflexe si elle en venait à stimuler la verge. Réaction qui pouvait bien entendu prêter à équivoque, surtout si la soignante n'avait pas été informée. Si elle ne parvenait pas à aseptiser l'histoire, voilà qu'elle se trouvait fort embarrassée – situation qui n'était pas plus confortable pour le soigné. Pour autant, si l'épisode du premier baiser que j'ai rapporté ne s'était pas accompagné des manifestations adéquates, j'avais ressenti quelque chose de très intense. Le feu était monté aussitôt à mes tempes et l'incendie s'était déclaré. Impossible pourtant de nier le fait qu'il y avait désormais chez moi une séparation de l'Église et de l'État avec laquelle il faudrait composer. La situation était d'autant plus angoissante qu'avant de pouvoir accepter ce handicap au sein du handicap, il m'était impossible d'en parler à une fille. Il y a dans toute idée d'une défaillance profonde la crainte de ne pas être considéré comme un homme et d'être rejeté. Mais dans ce temps de ma rééducation, n'étant pas au fait du caractère définitif de la lésion, la sexualité pouvait sans trop de frustration passer au second plan, c'est-à-dire derrière la nécessité d'entretenir avec la gent féminine des relations affectives, d'être aimé et d'être amoureux. Je ne me sentais pas du tout handicapé sur ce plan. Ce sentiment amoureux tous azimuts constituait même un puissant moteur m'obligeant à affronter une réalité que j'aurais été enclin sinon à éluder. Éloquentes manifestations de la pulsion de vie. C'est très évidemment ce qui m'a empêché de sombrer dans le désespoir et d'endosser un devenir végétatif. La relation homme-femme se donne toujours pour perspective inconsciente la procréation. Il s'agit d'un conflit en nous qui ne dit pas son nom entre nos ambivalences à propos de notre future et éventuelle progéniture et cette force qui nous oblige à procréer. Dans mon cas, la curiosité vis-à-vis de la gent féminine m'encourageait à surmonter mes infirmités et à chercher à passer outre. Cet enjeu pareil à une terre promise a eu le dessus sur toutes les forces d'inertie liées à la situation de handicap.

Ma nature de chasseur n'avait donc pas été contrariée par mon accident. Tout était resté indemne dans ce domaine et même les complications qui s'annonçaient n'avaient pas réussi à me décourager ni à me faire changer de cap. Je suis entré véritablement dans le vif du sujet au cours de mon séjour dans un établissement spécialisé parisien, une sorte de ghetto pour handicapés qui faisait suite à la période de rééducation à Beau-Séjour. J'avais fait la connaissance d'une jeune femme de quatre ans plus âgée que moi. Nous étions très épris l'un de l'autre. Insatisfaits de ne pouvoir aller plus loin, nous finîmes par décider de passer le week-end ensemble loin du centre de rééducation, dans un endroit qui nous permettrait de nous découvrir l'un l'autre. Nous nous sommes alors livrés à des jeux amoureux d'un autre type. Avoir une érection et n'en rien ressentir ne présentait que très peu d'intérêt pour elle comme pour moi. Il nous fallait contourner la difficulté, nous en servir et inventer. Je découvris à cette occasion que je pouvais être très adroit et très inventif avec mes mains et pallier de bien des manières mes infirmités. Avec quelque fierté et soulagement, je constatai que la jeune femme n'avait pas l'air de déplorer la situation. Elle m'avait permis d'aller beaucoup plus loin dans mes explorations de l'anatomie féminine – même si la localisation exacte du clitoris que mon voisin de lit à l'hôpital cantonal m'avait enseignée était restée floue. Grâce aux indications qu'il m'avait données, j'avais pu néanmoins mettre en pratique certaines choses. Il me manquait toutefois des éléments de compréhension. Après ce week-end en amoureux, nous en étions, elle et moi, restés là. Je me sentais encore trop inexpérimenté pour assumer une relation de cette nature.

Les séjours à Versonnex durant mon hospitalisation m'avaient révélé l'existence d'une contrainte exorbitante pour un adolescent : je ne pouvais faire le moindre déplacement sans dépendre de quelqu'un. À un âge où vous aimez fausser compagnie, vous rendre indépendant et inaccessible, j'étais tributaire des autres pour la quasi-totalité de mes faits et gestes. Il me fallait maintenant attendre d'avoir dix-huit ans pour passer mon permis de conduire et gagner à nouveau un peu d'autonomie. Jusque-là ma vie serait tributaire des adultes acceptant de me transporter. À la même époque, je voyais mon frère aîné partir rejoindre ses copains. Pas question pour lui d'emmener ce frère encombrant sur lequel on jetait un regard d'incompréhension et de peur. Le handicap restait largement tabou, peu de gens y avaient été confrontés.

Nous avons peine à nous représenter cette époque. Nos sociétés étaient encore très loin d'accepter de consacrer des budgets importants à la rééducation et à la réhabilitation de personnes handicapées. Progrès poussifs mais qui nécessitaient que la confrontation ait lieu, que les gens dits « normaux » croisent les gens handicapés. Il eût été bien entendu plus facile de continuer à les ignorer et à les laisser mourir, comme ce fut le cas sous l'ère Ceaucescu, la Roumanie ne comptant aucun centre de rééducation pour les traumatisés médullaires. Prendre en compte les personnes handicapées, c'est leur faire une place de façon à ce qu'elles puissent disposer d'une existence à part entière. Cela veut dire éliminer les obstacles architecturaux, créer des postes de travail adaptés, etc. C'est l'histoire de la prise en charge du handicap à travers les siècles, très bien décrite par Jacques-Henri Stiker[1]. J'ai vécu cette ouverture puisque le premier centre de rééducation des paraplégiques en Suisse a été créé en 1964, soit une année seulement avant mon accident. La première association qui s'est occupée des barrières architecturales, Handicap, architecture et urbanisme, la HAU, a vu le jour cinq ans plus tard, en 1969. Il s'agissait au départ des barrières dont les personnes en fauteuil roulant étaient vic-

1. *Corps infirmes et sociétés, Essai d'anthropologie historique*, Dunod, 2005.

times avant que tous les handicaps ne soient pris en compte. Les réformes concernaient les places de parking qui devaient être à proximité des lieux où les personnes handicapées devaient se rendre ; les abaissements de trottoirs ; l'accessibilité aux négoces, aux lieux publics, aux salles de spectacle ; la conception des immeubles nouvellement construits avec la contrainte des espaces surdimensionnés alors qu'on manquait de place, etc. Et qui allait payer ces aménagements ? Il a bien fallu qu'on contraigne les citoyens valides et invalides par la loi au nom de l'égalité. Ce sont des acquis obtenus de haute lutte mais qui gardent la fragilité inhérente à toutes les concessions – comme celles que les hommes ont faites aux femmes.

Avec mon retour définitif à Versonnex s'annonçait la reprise de ma scolarité. Le directeur du lycée de Gex où mes études s'étaient interrompues ne manifesta pas un enthousiasme débordant à l'idée de me voir poursuivre dans ses murs. Il prétexta la présence de trop nombreux escaliers, le problème des assurances. Il est facile de percevoir derrière ce discours la peur de ce que je représentais, la lâcheté administrative d'un directeur qui n'osait pas passer outre la question des responsabilités pour réintégrer un ancien élève devenu infirme. J'ai été accepté au collège de Ferney-Voltaire en classe de troisième par le directeur, un homme qui avait une sensibilité particulière au handicap. Sa fille était sourde. Il savait personnellement que le handicap posait de graves problèmes d'intégration. Il avait rassuré maman en lui disant qu'il allait faire tout son possible pour que son fils soit dans une classe accessible, sans changement de lieu. J'ai passé ainsi une année qui n'a posé curieusement aucun problème. J'avais trois ans de retard mais, pour la première fois de ma vie, j'obtenais d'assez bons résultats et semblais avoir en partie résolu mes difficultés de concentration. Pour la première fois depuis mon accident, je me trouvais parmi des non-handicapés et découvrais qu'au-delà de l'étonnement et de la crainte du premier contact, le groupe m'avait très rapidement accepté. Mon handicap ne leur causait pour finir plus la moindre gêne. Je ne souffrais pas davantage de mon côté, me semble-t-il, que l'adolescent qui a un grand nez ou de l'acné sur le visage. Ma situation sur ma chaise roulante était totalement acceptée. Vous pouvez faire tous les efforts d'intégration, si le handicapé refuse d'en être l'acteur, celle-ci échouera. Au contraire, si vous manifestez le désir de vous faire accepter, le refus est alors très rare. Ce n'est jamais aux autres de faire le « premier pas ». C'est vous qui signalez que vous êtes prêt. Dès les premiers jours de collège, pour casser la glace, pour rassurer, je suis allé au-devant de mes nouveaux camarades d'études et de jeux. Nous avons passé une année riche en expériences et en rencontres extrascolaires. Il fallait trouver quelqu'un pour me conduire d'un lieu à un autre – et maman était souvent celle qui se proposait. Mais, hormis cette contrainte, j'avais l'impression d'avoir recouvré une certaine normalité.

Je me suis interrogé pour savoir comment j'avais pu réintégrer de manière aussi convaincante le milieu scolaire que j'avais quitté pourtant depuis deux ans et où j'étais loin d'avoir brillé. J'ai cherché longtemps puis j'ai fini par trouver. Mon père m'amenait tous les matins au collège en partant travailler. Nous partagions ce temps de route et ce temps m'était précieux. Il m'a permis d'être presque tout entier à mes études. Autre forme de coïncidence, si on veut, j'avais retrouvé au collège et dans ma classe le copain qui était monté dans le peuplier avec moi, qui était allé chercher du secours et qui m'avait sauvé la vie. Nous habitions lui et moi à Versonnex et mon père nous emmenait tous deux à Ferney-Voltaire tous les matins. Nous avons passé l'année fourrés ensemble. Nous étions en 1968 et le climat au collège avait changé. Les profs étant souvent absents, nous faisions l'expérience de libertés nouvelles, même si l'impact des révoltes estudiantines était plus manifeste dans les grandes villes.

À la fin de l'année, j'ai eu dix-huit ans et j'ai passé mon permis de conduire que j'avais attendu comme le Messie. Étonnamment, la loi prévoyait que j'aie des cours d'auto-école dans mon véhicule personnel adapté et que j'aie la liberté de conduire ce véhicule accompagné d'un adulte titulaire de son permis. Le véhicule en question était la 4L de maman qui avait été aménagée. J'obtins mon permis au mois de septembre. Pour une personne handicapée, cette soudaine liberté de circuler est une sorte de vertige. J'allais désormais en 4L à Ville-la-Grand où se trouvait le lycée et me garais directement au pied de l'établissement. Mon permis de conduire et mon véhicule me valaient un réel prestige auprès des élèves, symbole d'une liberté à laquelle ils n'avaient pas encore accès. Les filles étaient évidemment excitées à l'idée de faire un tour dans ma 4L, espérance qui n'était pas tout à fait pour rien dans le succès que j'obtenais auprès d'elles. Le problème, car il en demeurait un, était que la 4L ne comportait qu'un seul siège à l'avant, la place vacante étant destinée à accueillir mon fauteuil roulant. La passagère devait se mettre à l'arrière. Ce n'était donc pas tout à fait le « piège à filles » dont parlait Jacques Dutronc. J'ai troqué l'année suivante ma 4L pour une Simca 1100 blanche.

Brumes scolaires

Assumer ce qu'on est, c'est assumer des situations que nous n'avons pas choisies, des événements que nous n'avons pas décidés. Dans un sens, nous prenons très rarement de décision dans le cours de notre vie. Nous nous adaptons et si nous ne nous adaptons pas, nous dépérissons. Il nous est impossible de nous « renier » sous prétexte que ce qui nous arrive n'est pas ce que nous avons voulu. L'amour est l'extrême de cette situation d'acceptation. Aimer c'est accepter inconditionnellement. C'est faire preuve d'une force d'ouverture infinie. Cette force d'ouverture nous fait défaut le plus souvent et surtout vis-à-vis de nous-même. L'épreuve absolue pour chacun d'entre nous est de vivre avec nous-même. Vivre avec les autres offre toujours des échappatoires. Nous fermons la porte et nous en avons terminé des autres. Vivre avec nous-même ne présente au contraire pas de répit. Nous sommes en compagnie de nous-même vingt-quatre heures sur vingt-quatre. Nous parvenons parfois à nous absenter, mais ce sont des stratégies qui tournent court. La nécessité de nous connaître et de nous accepter est alors cette épreuve nécessaire à laquelle nous ne pouvons pas nous dérober sauf à passer à côté de notre vie.

Voilà pourquoi la cure psychanalytique est si éprouvante. Il nous faut aller à la rencontre d'un personnage que nous avons fui sans cesse et que nous devons finir par reconnaître comme nous-même. Ce « soi-même » que nous ignorons parce que nous le fuyons apparaît rarement lorsque nous essayons de tordre la réalité à notre volonté, mais au contraire lorsque nous tâchons de nous y soumettre, de nous adapter. Le handicap est la leçon extrême de l'acceptation sans laquelle vivre est impossible. L'acceptation ne signifie pas ici résignation ; c'est un processus dynamique qui vise à nous reconnecter à nous-même. Il n'y a aucune raison à mes yeux de regarder la démarche psychanalytique comme la « voie royale » de l'introspection. Il y a là une prétention que je rejette. La prétention procède toujours de l'exclusion et toute forme d'exclusion mène à la fermeture ; la fermeture est une forme de catastrophe. D'autres démarches permettent d'entrer en contact avec nous-même, mais quelles qu'elles soient, cette quête de soi est fondamentale.

Don Giovanni est le premier opéra que j'ai vu, dans la version filmée par Losey. Le personnage de Don Juan a toujours exercé une véritable fascination sur moi. J'ai rendu à travers lui hommage à ces femmes qui m'ont donné envie de franchir l'épreuve qui s'était présentée à moi. Dans tous les domaines, elles ont été le véritable moteur de ma vie. Rien n'est plus essentiel que les femmes pour Don Juan, jusqu'à aller se présenter devant la statue du Commandeur et lui répondre, lorsque celui-ci lui commande de se repentir : « Non ! » et préférer se jeter dans les feux de l'enfer. Il ne peut pas se renier. Se renier soi-même, c'est le drame de Pierre. De s'être renié, il pleure amèrement. Cela le poursuivra jusqu'à la fin de ses jours – une crucifixion renversée, la tête en bas. L'Église qui viendra après lui ne cessera de demander pardon, comme si on avait à demander pardon. Jamais le Christ n'a exigé que l'on demande pardon. Peut-être le personnage de Pierre m'évoque-t-il, d'une certaine façon, mon père qui s'est lui aussi renié en n'acceptant pas la situation que mon accident avait créée. Il m'a d'ailleurs confié un peu avant sa mort toute la peine qu'il avait et les reproches qu'il s'adressait continuellement de ne pas m'avoir enseigné qu'il était dangereux de monter à un peuplier. Il avait retardé le moment de partager avec moi ce qui apparaissait dans sa bouche comme un lourd secret. À cet instant, je me suis dit en moi-même : « Tu n'as pas compris ! Ce n'est pas cet enseignement qu'il me fallait. Ce qu'il me fallait absolument, c'était ta présence. »

Le roi décide qu'on coupera tous les peupliers de son royaume de manière à empêcher que ses enfants y montent un jour. Mais il est demeuré un petit peuplier qui, en secret, a échappé aux hommes du roi et continue à pousser quelque part. Et un jour, naturellement, le fils du roi aperçoit ce peuplier et a l'idée de l'escalader. Et du peuplier, il tombe. Comme si on ne pouvait aller contre ce qu'on appelle le destin. Comme si mon père en m'enseignant à ne pas monter aux arbres avait pu se dédouaner de ce que je lui réclamais de toutes les manières et qu'il n'entendait pas ! On a beau couper tous les peupliers, il en reste toujours un qui nous attend. Il y a là l'essence de la tragédie grecque dont la psychanalyse s'est employée à connaître les ressorts. Dans le monde grec, la tragédie portée à la scène par les grands auteurs du théâtre permettait d'exprimer ces vérités sur l'âme humaine sans obliger les spectateurs à assumer la responsabilité de la compréhension. « Méfiez-vous, bonnes gens ! leur disaient-ils. Lorsque vous accéderez à votre inconscient, vous ne pourrez plus jamais vous déresponsabiliser ! Car le jour où vous savez, vous n'êtes plus dupe. » C'est ce qui constitue le frein majeur à l'introspection : elle nous rend propriétaires et responsables de ce que nous sommes. Non pas dans le sens de la culpabilité mais dans celui de l'attention et du soin que nous devons apporter à ce que nous sommes. Plus nous devenons adultes et plus cette responsabilité devient écrasante.

Lorsque j'ai commencé l'école secondaire, je me suis trouvé à nouveau en difficulté. Je n'étais désormais plus accompagné tous les matins par mon père. Je pilotais ma voiture et le prix de mon autonomie avait été que mon père ne partagerait plus ces moments précieux avec moi. Cela fut un vrai bouleversement. Je me montrais à nouveau inattentif à l'école, incapable de mobiliser ma capacité de concentration. Ma santé, elle aussi, s'altéra parce que je négligeais les soins que j'étais censé apporter à ma personne. Les examens montrèrent qu'il y avait un début d'altération de la fonction rénale. Faute de boire suffisamment et de vider régulièrement ma vessie, comme on me l'avait enseigné lors de ma rééducation, je faisais de la rétention urinaire. Le signal d'alarme était une nouvelle fois tiré. La raison de ces négligences était que je ne me sentais toujours pas propriétaire de ma vie. Malgré mes dix-huit ans, je continuais à me montrer étonnamment passif dans les choix que l'école m'invitait désormais à faire. Des efforts accomplis sans grand enthousiasme améliorèrent la situation mais pas au point que le corps médical me juge hors de danger. Il fut évoqué la possibilité d'une sphinctérotomie, équivalent à l'ablation d'une partie du sphincter pour améliorer le passage de l'urine. Je portais déjà à l'époque un condom urinaire même si je constatais très peu de fuites. J'aurais même certainement pu me discipliner davantage pour éviter de porter un appareil urinaire. L'opération fut pourtant remise à une date ultérieure. Personne ne fit alors une lecture analytique du refus de l'agressivité symbolisée par le jet urinaire. Je la fais aujourd'hui. Pourtant rien ne sortait non plus de moi. Aucune révolte. J'étais occupé à me réinsérer socialement, à cultiver mes nouvelles relations d'amitié, à sortir le week-end. J'avais l'air bien dans ma peau mais, en réalité, ma vie était très peu investie. Il s'est posé la question de savoir si je devais redoubler ma seconde, mais on préféra me laisser passer, d'extrême justesse, à la condition que je rattrape mes retards durant l'été. L'école allait maintenant me pourrir aussi mon été.

Cela ne m'empêcha pas d'aller à Agay chez ma tante avec un copain et d'y passer du bon temps. Le cadre était féerique. Le site était encore très peu urbanisé. Nous apercevions de nos fenêtres une maison rose qui était celle de la comtesse d'Agay, la sœur de Saint-Exupéry. Le fait de redécouvrir ma nature aquatique me procurait toujours des sensations de joie profonde. Le copain me portait dans les escaliers et m'amenait dans l'eau. Le milieu aquatique qui supprime l'incidence de la pesanteur est évidemment très favorable aux paralytiques. Par un curieux hasard, le voisin de lit qui m'avait initié aux mystères de l'anatomie féminine séjournait en été à Agay où il faisait de la plongée – c'était d'ailleurs au cours d'une plongée qu'il avait eu son accident. J'ai appris qu'en réalité il faisait avec ses copains du trafic d'amphores dont les pêcheurs leur indiquaient l'emplacement.

J'aurais dû faire une scolarité sans aucun problème parce que mes moyens intellectuels me le permettaient, mais je n'en avais ni la disponibilité ni la volonté. La première fut pareillement problématique. Je pris des cours de soutien et n'assurai mon passage en terminale que moyennant la promesse que je relèverais mon niveau durant l'été ; mais aussi parce que j'avais été crédité d'un 12 inattendu au bac de français. La perspective de l'épreuve du bac à la fin de l'année de terminale n'ouvrait pour moi à aucun lendemain. L'épreuve sans enjeu était une fin en soi. Je m'y rendis sans motivation. Lorsque le skieur passe une porte, il a déjà à l'esprit la suivante, il négocie celle-ci en fonction de la configuration de celle-là. Dans toute démarche de progression, d'avancée, la tête doit toujours anticiper l'étape suivante. L'absence de perspectives ne me permettait pas d'engager mon année de terminale en fonction de défis futurs qui ne m'attendaient pas. Je ne m'étais projeté dans aucune activité, ne me voyais assumer aucune fonction parmi celles auxquelles mon handicap me permettait d'accéder. J'avais renoncé à ces carrières désormais inaccessibles avec indifférence. Pendant cette période d'indétermination, je poursuivais un travail avec un analyste jungien et devais progresser sans m'en douter. Les prises de conscience étaient modestes, certes, sournoises et n'amenaient pas encore de bouleversements notables. Devant mon indécision, il m'avait été suggéré de consulter un conseiller d'orientation professionnel que mon frère aîné était déjà allé voir. Mais je différais cette rencontre, décision ou absence de décision qui exprimait le fait que je n'avais pas envie d'aller plus loin. Je n'étais pas le seul dans mon cas, bien entendu, et je ne voyais pas pourquoi j'aurais dû perdre mon temps à consulter un conseiller. Cela dit, l'encadrement des jeunes gens en situation de faire des choix d'orientation est tout à fait insuffisant, alors même que ces choix se révéleront de nature à engager tout leur projet de vie – parfois dans le mauvais sens. Lorsque vous écoutez ces mêmes jeunes gens vous confier leurs attentes en matière de formation, lorsqu'ils en ont, vous ne pouvez vous empêcher de vous demander en fonction de quoi ces options ont été posées ? À partir de quoi ces préférences sont-elles émises ? À partir de quelle connaissance de soi ? N'étant pas allé voir ce conseiller, n'ayant pas de projet, j'ai planté mon bac et j'ai repiqué.

Le directeur du lycée de Ville-la-Grand n'avait pas souhaité me reprendre dans son établissement. J'ai réussi à me faire inscrire au lycée d'Annemasse en faisant valoir que mon père y payait ses impôts en tant que commerçant. Niveau de l'enseignement, bienfait du changement, progrès dans ma thérapie jungienne : je ne sais exactement ce qui a déterminé chez moi des velléités de me mettre au travail. Comme l'établissement n'était pas adapté aux handicapés, un camarade dévoué me faisait gravir les marches d'escalier dans mon fauteuil. À la fin de l'année, ses chemises montraient clairement qu'il s'était joliment étoffé. Je dois dire que j'ai toujours bénéficié durant mes études et dans ma vie de cette formidable solidarité. Parce que j'avais besoin de mes semblables, j'étais toujours à l'heure au pied des escaliers. C'était comme une politesse vis-à-vis de ceux qui acceptaient de m'aider. Cette discipline intérieure équivalait à une forme de reconnaissance et ne me posait pas de problème. Chaque fois que ces camarades et copains organisaient une soirée ou une sortie, il n'était pas question pour eux de m'exclure, quelles que fussent les difficultés qu'ils auraient à résoudre. Cette force d'inclusion du groupe explique que je ne me sois pas alors marginalisé. Il vient toujours un moment où j'ai envie de me retirer de cette solidarité devenue obligatoire, encombrante, asphyxiante. Lorsqu'il m'arrive de faire un séjour quelque part avec des amis, dans un endroit où je sais que je vais devoir absolument compter sur leur dévouement, je sens qu'il ne faut pas que l'expérience dure trop longtemps.

Le conseiller d'orientation

L'année à Annemasse a constitué un tournant majeur. Les vacances précédentes, l'année où j'ai brillamment raté mon bac, j'étais parti pour la première fois sans mes parents. Avec un copain et Chantal, ma petite amie, nous avions décidé de nous rendre à Tofori, en Toscane, dans la maison de mes grands-parents maternels. Elle avait été aménagée pour me permettre d'accéder à toutes les pièces. Nous avons fait la route dans ma Simca 1100. J'avais peut-être raté mon bac, mais je roulais vers l'Italie avec, à bord, une jeune fille de dix-sept ans qui allait plus tard devenir ma femme. Ses parents l'avaient laissée partir avec la garantie qu'une cousine de mes parents devait nous rejoindre. Nous avons pris possession de notre chambre, rapproché nos lits. Nous savions que nous allions passer la nuit ensemble et j'en ressentais une certaine gêne. J'avais vingt et un ans et en dehors du week-end avec cette jeune femme à Paris, je n'avais jamais passé une nuit avec une femme.

Le moment de nous coucher étant venu, je suis allé me préparer pour la nuit et j'ai enlevé mon appareil urinaire que je portais alors en permanence. Il était maintenant avéré que ma continence était bien suffisante pour me passer de cet appareil la nuit, mais je n'avais pas encore osé. Lorsque nous nous sommes mis au lit, j'avais donc une certaine apparence de normalité. La situation n'était pas plus évidente pour Chantal qui vivait sa première nuit avec un garçon. Nous jouions donc là pas mal de « premières ». Pour moi, le fait de me dispenser du filet que représentait mon appareil urinaire signifiait que je voulais assumer à part entière mon rôle de « mec ». Il ne s'agissait pas de paraître amoindri en face de celle avec qui j'allais sceller notre première expérience de couple. Cette première nuit nous a libérés l'un et l'autre et donné l'envie de reproduire aussi souvent que possible l'expérience. À partir des prémices de Tofori, j'ai repris avec assiduité la découverte de ma sexualité, cherché à épouser toutes formes de complémentarité avec l'autre.

Cette relation qui se déployait fut déterminante avant que ne s'engage mon année scolaire à Annemasse et que je sois mis face à la nécessité de faire enfin des choix. Ma relation était désormais officielle et Chantal venait souvent passer la nuit à Versonnex où mes parents nous demandaient de faire chambre à part, sans nous interdire pour autant de nous retrouver dans la nuit. J'ai trouvé cette position très sage et l'ai adoptée avec mes enfants. Il est prudent de ne pas enfermer les enfants dans une situation dans laquelle ils n'ont pas encore pris consciemment la décision de se trouver. Ce changement en avait déterminé beaucoup d'autres, en cascade. Je me montrais plus réactif à l'école même si je n'avais pas encore « passé l'épaule ».

Quelques mois avant le fatidique examen du baccalauréat que j'allais passer pour la seconde fois et que je m'apprêtais certainement à rater, toujours aussi peu motivé, j'ai rencontré le conseiller d'orientation. J'ai retrouvé ce défaut de direction plus tard chez un de mes patients qui achevait sa rééducation consécutive à un traumatisme médullaire et qui, pour cette raison, se montrait en tout indécis et s'était mis à boire. Tirant enseignement de ma dernière année scolaire, je lui avais dit que s'il avait bien largué les amarres, il continuait à tourner en rond dans le port sans parvenir à prendre le large. Tant qu'une destination n'apparaîtrait pas, il était hors de question pour lui de quitter ce port qui avait l'avantage de le préserver des intempéries. Dans mon cas ma santé qui semblait stable restait toujours suspendue à une intervention prescrite à la suite d'un examen urodynamique, mais que j'avais refusée. Refuser l'intervention signifiait que j'allais devoir me passer d'appareil urinaire dans la journée comme dans la nuit, régler ma continence, autrement dit faire l'effort de vider ma vessie plusieurs fois par jour pour ne pas risquer d'endommager mes reins. Cela m'obligeait à prendre en charge cette partie de moi-même restée comme un poids mort dont je rêvais de me débarrasser. Le refus de l'intervention m'amenait à devoir assumer ma réalité de paraplégique. J'avais parlé avec mon analyste jungien de cette décision, de sa symbolique. C'est à ce moment-là que j'ai décidé d'appeler le conseiller d'orientation. J'avais tardé, repoussé l'échéance mais je me sentais maintenant prêt. Ces années qui me séparaient de cette rencontre déterminante auraient pu m'apparaître comme des années perdues. Je les considère aujourd'hui comme des années de gestation. C'était le temps de prendre en charge ma condition de handicapé et d'essayer d'en faire quelque chose. Mon accident, cette rupture dans le continuum de la vie adolescente, m'avait fait m'éclipser du théâtre des opérations, essayer des rôles, porter des masques. Je rentrais désormais en scène comme premier rôle dans ma propre vie.

La rencontre avec Charles Mottier, conseiller d'orientation à Genève, fut le déclic que j'attendais. Il m'a d'abord interrogé pour savoir ce que j'avais envie de faire. Ma réponse toute préparée devait servir à me garantir toute intrusion plus avant. Elle m'aurait mis en danger de contradiction ou aurait révélé mon absence de motivation profonde. J'avais donc dit que je souhaitais travailler dans la banque. À Genève, c'est une réponse qui n'engage à rien. Je me faisais alors du travail une idée très négative, n'imaginant pas qu'on pouvait y trouver une source de stimulation – comme papa qui vivait son activité professionnelle comme un pensum. Le conseiller d'orientation chercha naturellement, c'était sa mission, à questionner ce choix.

– Travailler dans la banque pour vous mettre au service de l'argent ?

– Pas du tout.

– Alors pourquoi ?

– La banque est un métier de relations...

J'étais fait pour la banque à peu près comme un cul-de-jatte pour la course à pied. Il m'a fait passer des tests qui montraient que je n'étais pas fait pour la banque mais plutôt pour... la médecine. J'en fus tout étonné et le lui dis.

– La médecine n'est pas pour moi.

– Pourquoi ?

– Parce que ce sont de longues études.

– Vos parents ne veulent pas vous financer de longues études ?

– Ils n'ont jamais dit ça... Mais, pour faire de longues études, il faut être en bonne santé. Il ne faut pas être absent parce qu'on doit se faire soigner.

– Parce que vous êtes souvent malade ?

– ... Non. Ce que j'aimerais, c'est devenir indépendant financièrement.

– Vos parents menacent de vous couper les vivre ?

– Pas vraiment...

Et ainsi de suite. Il démonta mes arguments les uns après les autres. Le seul argument que j'aurais pu faire valoir et dont je n'ai pas parlé est que j'étais un cancre à l'école et que les études de médecine étaient réservées aux forts en thème. Comme si j'avais déjà décidé de tourner la page et de me diriger vers mon destin. Je suis sorti transformé de cette confrontation. La sœur de maman qui me croisa peu après mon rendez-vous s'empressa d'aller lui rapporter que j'avais changé de tête.

À la maison ma décision de faire médecine fut accueillie avec surprise et retenue. Probablement que mes parents ne voyaient pas très bien comment j'allais m'y prendre, mais ils prenaient le parti de me faire confiance. Partout ailleurs, les doutes s'exprimaient sur mon aptitude à me mettre au travail. Le regard qu'on me portait était aussi celui qu'on portait sur mon père, c'est-à-dire, pour le dire sans détour, sur deux pauvres c… J'étais un gentil garçon, capable de mieux faire, mais incapable de mieux faire. C'était le côté stigmatisant d'une éducation et d'un environnement auxquels ma mère, elle, n'a jamais adhéré. Elle a toujours cru en moi et lorsqu'elle avait des doutes, elle ne les exprimait pas. Il fallait cette inconditionnalité pour ne pas éteindre ce début fragile d'une mise à feu. C'est si facile d'éteindre.

Comment avais-je pu opérer cette bascule ? Je quittai du jour au lendemain ma passivité pour engager des études de médecine sans me donner la possibilité de savoir si j'allais en être capable, sans même savoir si j'allais finir par passer mon bac. Le changement radical était que je tenais désormais une destination. Charles Mottier avait simplement démonté mes arguments, fait tomber mes défenses. Dans une introspection psychothérapeutique, c'est toujours le moment d'un renversement qui constitue une première invitation à être ce que l'on est. Être ce que j'étais équivalait donc, j'en prenais soudain conscience, à me mettre en situation de franchir les obstacles. Nous nous sommes revus plus tard et sommes devenus des amis. Il m'a confié que lorsqu'il m'avait vu entrer dans son cabinet, il avait été frappé par ce qui se dégageait de moi. En conseiller d'orientation professionnel, il avait traduit cette impression par le pressentiment que mon avenir m'appartenait et que cet avenir serait la médecine. C'est lui aussi qui a ramené mon plus jeune frère d'une position nihiliste vis-à-vis des études et de la société vers de brillantes études de physique à l'École polytechnique fédérale de Lausanne. Il nous avait révélés à nous-mêmes, comme il avait révélé à eux-mêmes bien des jeunes gens désœuvrés ou mal orientés. Il avait cette autorité naturelle qui est la capacité à créer l'adhésion. Nous étions un peu avant les vacances de Pâques. Il me restait un trimestre pour réussir mon bac.

Un oncle du côté maternel que j'ai toujours considéré comme un père pour moi, apprenant la petite révolution survenue dans notre famille, fit des pieds et des mains pour que je puisse être inscrit à la faculté de médecine de Genève. Malgré ce sursaut inespéré, je demeurais encore dans bien des domaines dans ma passivité ancienne et traînais à réunir les papiers qu'il me demandait de lui procurer. Mon dossier était des plus mauvais pour me servir d'avocat. N'étant pas en mesure de regarder si loin, je m'étais mis sérieusement au travail pour passer mon bac. Et le travail paya. Mon dernier trimestre fut couronné par un tableau d'honneur autrefois inconcevable. Récompense complétée par l'obtention du baccalauréat avec la mention « assez bien ». L'émotion à la maison était à son comble. Ce fut la fête au village. Je n'avais même pas eu droit l'année précédente à l'oral de rattrapage et, du coup, mes détracteurs, stupéfaits, décontenancés, commençaient à s'interroger. Lorsqu'il reçut mon certificat, mon père s'empressa d'en faire cinquante photocopies avec des certifiés conformes pour être certain que personne ne puisse plus jamais contester ma victoire qui était aussi la sienne – identification qui avait rendu nos rapports difficiles et tendus, nous renvoyant de l'autre l'image de ce que nous ne supportions pas chez nous. C'est à partir de ce dernier trimestre et des résultats récoltés que j'ai découvert que j'avais un vrai moteur en moi, qu'il était fonctionnel et que j'allais pouvoir le mettre au service de cet idéal qui m'animait depuis quelques mois : devenir médecin.

Naissance d'une vocation

L'entrée dans le rythme des études ne s'est pas faite sans difficulté. J'avais la nationalité française en dépit d'une nombreuse ascendance genevoise et l'État fédéral s'opposait à mon inscription. Le doyen et le conseiller aux études ont réussi à convaincre le conseil facultaire de me prendre en faisant valoir que mon handicap excluait que j'aille étudier à Paris. J'ai appris le jour de la rentrée que mon inscription avait été validée. D'une manière extravagante, j'avais refusé d'envisager une porte de sortie, autrement dit un autre avenir sans savoir si je serais finalement pris. Une conviction désormais m'habitait. Il est des fois dans notre vie où nous sommes complètement fous et avons raison de l'être. Cette heureuse résolution a fait que j'ai allumé mes fusées additionnelles. Je me suis mis à suivre les cours avec une extrême assiduité, à me passionner pour l'enseignement proposé et à devenir un véritable étudiant. Mon handicap et le fait que nos cours étaient dispensés dans des endroits souvent inaccessibles à ma chaise ont déclenché chez mes camarades de première année un mouvement d'entraide extraordinaire. Le fait que je sois tenu de les solliciter sans cesse a déterminé des liens d'amitié durables et toujours actuels. Ma condition de handicapé me condamnait désormais à répéter à autrui : « J'ai besoin de toi. » J'ai compris que le fait d'avoir besoin de l'autre vous liait à lui de façon particulière. Un échange se produisait qui n'aurait pas existé autrement. Si vous vous présentez devant lui en laissant entendre que vous n'avez besoin de rien, on ne voit pas ce qui va autoriser la création d'un lien.

Tous ceux qui avaient douté de ma capacité à passer mon bac, d'abord, puis à engager ces études de médecine sont restés sur le carreau lorsque j'ai décroché mon premier « propédeutique », l'examen de première année de médecine, lequel avait un caractère éliminatoire. J'avais fait preuve de cette même foi qui m'avait animé au sortir de mon entrevue avec le conseiller d'orientation et ne m'avait plus quitté. Entre-temps j'avais découvert ce que voulait dire « travailler ». Il y avait deux catégories d'étudiants. Ceux qui colportaient des histoires horribles à propos de tel ou tel examinateur qui était, paraît-il, une vraie peau de vache, et ceux qui essayaient de raconter les choses telles qu'elles devaient être et qui cherchaient à se rassurer. Je faisais partie de ce second groupe, convaincu que si je travaillais, je décrocherais de bons résultats. Les efforts avaient donc payé et j'avais franchi l'examen de première année, puis celui de deuxième année. J'étais fier de pouvoir montrer à ceux qui m'avaient fait confiance qu'ils ne s'étaient pas trompés. Mais surtout, j'avais appris à *me* faire confiance, à me prouver que j'étais capable d'un effort soutenu et le moment venu de me présenter devant l'épreuve.

La vie semblait tout d'un coup me réussir. J'ai pris durant cette période un peu de liberté vis-à-vis de mon handicap. Je suis parti en week-end avec des copains, mais sans l'attirail que j'aurais trimballé dans des circonstances ordinaires et qui m'empêchait d'ailleurs de faire des choses comme celle-là. J'avais osé. Passé l'inconfort lié à l'inadaptation des lieux, j'avais, là encore, fort bien passé l'épreuve. Une autre fois nous sommes descendus en bande à Sainte-Maxime pour une dizaine de jours, prétendument pour préparer notre premier examen. J'avais annoncé que je ne prendrais aucun cours ni manuel pour m'offrir des vacances. Durant mon séjour, je devais compter sur un camarade qui se prénommait Philippe pour accéder aux toilettes, la porte de la salle de bain étant trop étroite pour y entrer avec ma chaise et me permettre de faire le transfert de celle-ci à la cuvette. Philippe me portait, puis venait me récupérer lorsque j'en avais terminé. Je m'étais laissé faire et le fait de participer à la vie des valides, d'être assimilé à eux m'avait fait un bien immense. Le handicap ne venait plus en travers. J'ai apprécié de prendre mes distances par rapport à ceux qui me venaient ordinairement en aide, Chantal et ma famille essentiellement, et d'apprendre à gérer ma propre histoire. J'allais pouvoir vivre ma vie. Il me fallait devenir un être autogéré, autodéterminé pour accéder au rôle d'adulte, de celui qui peut s'occuper de l'autre. Ces expériences de vie collective m'avaient prouvé que j'étais en chemin. Ma relation avec Chantal n'empêchait pas que je passe une bonne partie de mon temps avec mes copains, que je vive avec eux une vie d'étudiant qui était, je m'en rends compte aujourd'hui, le terrain d'apprentissage de mon indépendance. D'une manière générale, je supporte mal de tout partager avec la femme que j'aime. J'ai besoin qu'on ne se dévore pas, qu'on prenne du champ afin de pouvoir se retrouver, se reconquérir. C'est ainsi que ma relation avec Chantal évoluait. Je vivais alors à Versonnex chez mes parents avec qui mes rapports s'étaient apaisés, simplifiés et renforcés. J'ai connu durant les deux premières années de faculté une réelle joie de vivre.

Puis le besoin de m'affranchir du nid familial s'est fait sentir. À la fin de l'année 1974, j'ai donc quitté mes parents pour aller vivre à Genève avec Chantal : Adam et Ève quittaient le Paradis pour affronter la réalité. Nous avions trouvé un logement en arguant du fait auprès de l'administration cantonale que nous allions nous marier dans les prochains mois – moyen d'obtenir ce qui nous eût été autrement refusé. Avant notre installation proprement dite, nous avons traversé une zone d'euphorie. Les amis avaient été mis à contribution et nous avions emménagé avec leur bénédiction. La première nuit que nous avons passée Chantal et moi dans notre nouvelle chambre, je me suis senti tout d'un coup comme un enfant perdu. Je ressentais au profond de moi une peur panique à l'idée que j'étais maintenant parti et qu'il ne m'était plus possible de revenir en arrière. Je découvrais qu'il nous faudrait désormais nous prendre en charge, assumer nos courses et nos repas, que ma mère ne viendrait plus s'assurer tous les matins et tous les soirs que tout se passait bien. Plus mature que moi, Chantal tâcha de me rassurer. Nous n'étions pas sans ressources, elle savait s'organiser. Elle me seconderait là où je montrerais une incapacité. Son dévouement m'a été alors d'un très grand secours. L'appartement avait été construit aux normes de l'époque et se trouvait donc mille fois mieux adapté à mon handicap que ne l'était notre maison de Versonnex. Pourtant, la vie manquait de quelque chose.

J'ai affronté cette première année de vie de couple la peur au ventre, angoissé, insomniaque, retrouvant ma difficulté à me concentrer et enregistrant à la fac des résultats assez médiocres. L'avion avait perdu de l'altitude. J'avais moins envie de sourire. Je comprenais que ma vie était en train de changer de poids, qu'elle serait désormais plus lourde à porter. Elle reposait dorénavant sur mes épaules, plus comme un projet mais comme une réalité quotidienne. Ce n'était pas tant la gestion du handicap qui faisait problème que le fait de devoir s'assumer et de comprendre que j'étais définitivement seul. Cette dépression a duré plusieurs mois, voire plusieurs années avant que je ne parvienne à reprendre le dessus. Mon analyste jungien que je continuais à voir m'aidait à ne pas me tromper de cible. Mon handicap n'était pas de vivre sur une chaise roulante mais, comme pour tout un chacun, de vivre avec moi-même. Je me souviens de m'être réveillé une nuit en ne sachant plus si j'étais encore au milieu de mon rêve. Quelqu'un dans la rue hurlait : « Ma mère est morte ! » Ce cri m'a glacé. Et les bruits de la ville m'empêchaient désormais de trouver mon sommeil. Lorsqu'ils venaient jusqu'à moi dans la nuit me réveiller, une voix disait : « Tu n'es plus à Versonnex. » Je faisais le deuil de l'enfance.

La chute du Paradis : c'est ce moment précis où nous prenons conscience de la lourdeur des choses mais où nous nous sentons désormais en situation de faire face – nous savons que nous possédons en nous les ressources pour le faire. J'avais montré au cours de cette première année de vie partagée avec Chantal, loin de la maison familiale, que je n'avais pas su identifier et mobiliser ces ressources. Cette première année s'est achevée par notre mariage. Pour quelle raison nous étions-nous mariés ? Probablement parce que nous avions annoncé à la Régie de Genève qui nous avait alloué notre appartement que nous allions le faire. C'était un peu dans la logique des choses. Peut-être encore une manifestation d'un désinvestissement qui perdurait. J'avais passé aussi, à la même époque, mon troisième « propédeutique ». Mes notes étaient des plus moyennes. Ma santé s'était détériorée durant l'été. Une forte spasticité (contractions musculaires involontaires) s'était installée dans mes jambes et mon abdomen, dont je ne connaissais pas l'origine. Elle avait eu pour conséquence de déclencher à nouveau les problèmes d'évacuation de ma vessie. À cause de cette spasticité, j'avais développé des escarres assez profondes au niveau de mes talons, conséquence du fait que lorsque j'étais la nuit allongé sur le dos, à cause des spasmes, mes pieds frottaient. J'étais dans un profond mal-être, ce que j'appellerais aujourd'hui, avec le recul, une dépression, encore réfractaire à ce changement qui était intervenu dans ma vie. J'avais perdu mes parents et cherchais à devenir ma propre figure protectrice. C'était à moi désormais d'assurer ma protection, ma sécurité.

C'est ce que nous essayons tous de faire, avec plus ou moins de réussite. Le dimanche soir, lorsque je revenais dîner à Versonnex avec Chantal, j'avais l'impression de revenir brancher mon cordon. C'était le blues garanti.

Sauter du nid en déployant ses ailes, c'est prendre conscience qu'on dispose d'un court laps de temps pour se mettre à voler si on veut éviter de s'écraser au sol. Je n'allais tout de même pas tomber une seconde fois de mon peuplier. Je devais donc battre des ailes et voler. L'apprentissage fut pénible. J'ai souffert sans comprendre, à l'époque, le sens de cette souffrance, sans réaliser tout ce qu'elle allait générer de changement intérieur. J'ai fini par surmonter cette dépression et sans doute disposais-je en moi des ressources nécessaires à ma résilience. J'ai entamé ma quatrième année, marié et guéri de mes escarres, pas tout à fait débarrassé de cette angoisse qui m'habitait mais en bonne voie.

Au cours de l'enseignement dispensé par le professeur d'urologie, Pierre Graber, il avait été évoqué les problèmes d'incontinence féminine du fait de l'effondrement du plancher pelvien et de la modification de la statique vésicale après les accouchements. J'avais écouté avec attention parce que j'avais moi-même toujours les mêmes difficultés à vider ma vessie. Le problème était devenu obsédant. À la fin du cours, j'étais allé voir le professeur pour lui demander si le fait d'être assis pouvait créer une sorte d'hypercontinence. Devinant que je lui parlais d'un problème personnel, il me proposa de prendre rendez-vous avec sa secrétaire. Je n'aurais jamais osé engager la discussion sur ces sujets s'il s'était agi de parler de mon cas. L'examen urodynamique prescrit le jour de la consultation montra que ma vessie s'était décompensée du fait que mon sphincter était trop serré et empêchait un écoulement normal de l'urine. Je demandai au professeur d'urologie si c'était grave. Il me répondit : « Oui et non. Si votre vessie est décompensée, elle protège vos reins. Pour autant, vous vous trouvez empêché de la vider correctement. » La solution selon lui était une sphinctérotomie, cette opération qu'on m'avait recommandée et que j'avais refusée. Le refus de l'opération avait été bénéfique, selon moi, puisqu'il m'avait obligé à prendre en charge mon problème. Mais il devenait urgent d'intervenir et de mettre fin à cette obsession qui me rongeait. Acceptée sans discussion, l'opération eut pour effet de me permettre à nouveau de vider ma vessie sans batailler comme un vieux prostatique âgé de vingt-cinq ans !

L'opération eut une autre conséquence inattendue.

Une rencontre déterminante

La paraplégie n'interrompt évidemment pas la production de spermatozoïdes ; la différence est qu'au moment où se produit une éjaculation, laquelle se produit de façon réflexe, totalement incontrôlée, le sperme part dans la vessie. Sans entrer dans le détail, je dirai que la spasticité que j'ai évoquée a pour conséquence que le sphincter se ferme chaque fois qu'il y a un spasme. La crise spastique liée à une dysréflexie du système nerveux autonome provoque une éjaculation et donc une émission de sperme qui part alors dans la vessie. La procréation était donc considérée comme inconcevable. Ce qui faisait dire qu'un paraplégique ne pouvait pas avoir de descendance. La sphinctérotomie, l'opération que j'avais subie, devait me permettre de procréer. En même temps, personne ne pouvait s'avancer sur ce point, le cas ne s'étant pas encore produit. De mon côté, toujours aussi fou, je n'avais pas cessé de croire à mes chances même si, d'une certaine façon, la sphinctérotomie que j'avais subie s'apparentait à une forme de castration. L'accepter m'a paradoxalement permis de récupérer ma capacité de géniteur. J'ai compris à cette occasion que dans le travail psychothérapeutique, l'acceptation de la castration, c'est-à-dire le fait de renoncer à vouloir être plus fort que son père, c'est ce qui permet d'être plus tard un homme comme son père. En recouvrant mes facultés génitrices, je recouvrais, par la même occasion, une certaine sérénité relativement à ma santé. Mais j'anticipe.

J'ai démarré mon initiation à la psychiatrie avec Julian de Ajurriaguerra qui quittait alors son poste à Genève pour le Collège de France. Cette rencontre a été une révélation de mon intérêt pour tout ce qui tournait autour de la psy et de la relation. Cet homme, qui avait une simplicité et une authenticité extraordinaires dans la relation, m'avait conquis. J'ai compris à travers son enseignement qui n'a duré que quelques semaines que le plus important était d'aimer l'autre. Aimer était la seule façon d'accéder à lui.

J'ai noué à cette occasion des contacts avec le

milieu de la psychiatrie et notamment avec Barthold Bierens de Haan, un représentant de ce qu'on appelait alors l'antipsychiatrie des années 1970. Je l'avais rencontré alors que je faisais un remplacement en psychiatrie durant l'été dans le but de gagner un peu d'argent, mais évidemment aussi d'en découdre avec l'expérience clinique. Barthold Bierens de Haan était parti en croisade contre les électrochocs et toutes les étiquettes psychiatriques qui stigmatisaient les patients et les ramenaient à la dimension d'objet de soins et non de sujet. Il y a toujours cette dialectique dans le monde des soignants entre ceux qui s'intéressent à la pathologie et ceux qui s'intéressent aux individus. Il est sans doute plus facile de s'intéresser à la pathologie décrite de manière mécanique qu'à un individu par définition incontrôlable puisqu'il s'appartient. Tout le côté scientifique des études qui m'avait jusqu'à ce jour passionné est passé au second plan. Me fascinait désormais ce qui se tramait dans la relation à l'autre. Toutes les questions que j'avais pu me poser sur ce que j'étais, sur les raisons de cet accident, sur ce que j'étais devenu, prenaient une dimension différente, à la lumière aussi du travail que j'avais suivi avec mon analyste jungien – je l'avais alors interrompu. Avant mes études médicales, j'avais fait peu d'intrusion dans l'espace de la « psy ». J'avais touché au psychodrame mais sans jamais me départir d'une certaine distance vis-à-vis de moi-même. Je n'ai compris que plus tard que le psychodrame revêtait une authentique dimension psychothérapeutique. C'est bien la prise de conscience de soi qui permet de changer le regard qu'on a sur soi parce qu'on sait tout d'un coup un peu mieux qui on est. Je n'étais pas mûr à l'époque pour gérer cette implication bouleversante.

Mon histoire avec Chantal évoluait. Nous vivions une relation affective un peu distendue. Nous réalisions que nous nous étions engagés dans ce mariage sans véritable projet commun. Après cinq années, nous avons décidé de nous séparer. L'entourage s'en est ému. Qu'est-ce qui avait bien pu motiver notre décision ? Les gens aiment trouver des explications. Ils ne supportent en général pas que leurs projections sur le couple ne soient pas confirmées. Les adultes veulent que leurs enfants vivent la vie qu'ils ont décidée pour eux et qui doit être alors celle qu'ils ont besoin de vivre. Mais nous avons fait front commun, Chantal et moi, pour répondre à ces interrogations angoissées ou dépitées, et jusque devant le juge qui le jour de notre divorce, trois ans plus tard, cherchait encore à savoir ce qui avait présidé à notre séparation. Il s'en était sorti par un : « C'est bien les psychiatres. On ne comprend jamais leurs explications. »

Les deux années qui suivirent notre séparation, je les appelle « ma traversée du désert ». J'allais apprendre à vivre seul, autre tour de force pour moi. Adam, tombé du Paradis, apprenait maintenant à vivre sans Ève. Je m'étais fait dans un premier temps un point d'honneur à m'assumer et à prendre en charge l'appartement que Chantal avait quitté. J'avais pris une aide ménagère mais j'assumais une grande partie des tâches comme de laver mon linge et de l'étendre, sans aller tout de même jusqu'à le repasser. Ce fut l'époque de mes chemises un peu froissées. Je trompais ma solitude en faisant beaucoup la foire, en multipliant les conquêtes qui trahissaient avant tout mon besoin de trouver une vraie compagne. J'accédais enfin, à l'âge de vingt-neuf ans révolus, à une vie de célibataire avec ses grands et ses tristes côtés. Je songeais aussi beaucoup à cette potentielle paternité qui m'avait été rendue. Elle exigeait que je trouve une partenaire qui accepterait de devenir la mère de mes enfants. Il y avait peu de risques, dans mon cas, que la conception soit le résultat d'un simple accident, comme cela arrive parfois. Il fallait deux adultes consentants et responsables.

L'année d'« autre chose » s'annonçait : au cours de la spécialisation en psychiatrie, on entend par année d'« autre chose » une année clinique dans un service de médecine somatique. J'avais pris la décision de retourner dans le service de rééducation dans lequel j'avais été soigné. Ce changement, je le percevais comme une rupture avec les années vécues depuis le départ de Chantal. J'inclinais à penser que la vie me réserverait la surprise que j'appelais de mes vœux. Et en effet. Une ergothérapeute qui travaillait au centre de rééducation avait été prévenue de la venue d'un jeune interne paraplégique et se faisait une joie de pouvoir échanger avec lui. Renseignée par la sœur d'une de ses amies, elle avait appris quelque chose de mon parcours professionnel et savait que je portais sur le handicap un regard qui n'était pas celui de mes collègues. Ce retour au centre de rééducation a constitué une expérience terrifiante. J'étais passé de l'autre côté de la barrière par rapport à de jeunes personnes qui découvraient la réalité de la paraplégie. J'allais devoir assumer le rôle du médecin qui sait, qui dit, qui répond aux questions, qui soutient, qui entend la souffrance de l'autre alors qu'il est encore tellement hypoacousique à sa propre souffrance. Chaque patient, dans sa souffrance, est pour le thérapeute un miroir. L'idée n'est pas originale. Ma confrontation à la souffrance de ces jeunes paraplégiques était une occasion de reparcourir le chemin qui me séparait de mon accident. Seize années s'étaient écoulées. L'épreuve était particulièrement douloureuse même si, au fond de moi, j'avais la certitude d'avoir quelque chose à leur apporter de spécifique, quelque chose que ne pouvait délivrer le corps médical, fût-il, comme c'était le cas, le plus compétent qu'on puisse imaginer. Ce que je pouvais apporter, c'était ma capacité à me mettre à l'écoute de la souffrance de ces patients. En même temps le monde du handicap avait totalement changé. L'offre de soin, le regard de la société avaient évolué en seize ans et le cadre offert aux jeunes paraplégiques qui devait les mener vers davantage d'autonomie et de liberté n'était plus celui que j'avais connu. Les progrès de la médecine avaient permis de ramener à la vie un nombre plus important de personnes qui affrontaient à présent l'épreuve de se remettre symboliquement *debout*. Mon handicap me désignait donc comme une sorte de docteur ès-paraplégie. Je me rends compte, avec le recul, que je savais alors bien peu de chose.

Je fis la connaissance de cette jeune ergothérapeute qui s'était montrée tellement impatiente à l'idée de me rencontrer. Nous avons échangé de manière constructive et paraissions sur bien des questions sur la même longueur d'onde. Comme j'évoquais devant des collègues mon projet d'aller prochainement au cinéma, elle me proposa de m'accompagner. Le film portait un titre prometteur : *Tais-toi quand tu parles.* Aldo Maccione, dont on parlait beaucoup depuis *L'aventure c'est l'aventure,* y occupait le premier rôle. J'avais cru de mon devoir de prévenir Françoise, c'était son prénom, que la salle de cinéma était accessible par des escaliers, sous-entendant qu'elle ne pourrait m'accompagner seule. Elle m'avait répondu qu'en tant qu'ergothérapeute, elle ne se laisserait pas impressionner par quelques marches. Le jour de notre sortie, j'étais stressé comme si j'allais passer une épreuve déterminante pour la suite de mes jours. Il ne s'agissait pas d'une femme qui m'avait particulièrement tapé dans l'œil et avec qui je me voyais engager une histoire sans lendemain, à l'image de tout ce que je vivais depuis quelques mois. La sensation confuse, irrationnelle, était celle d'une *bascule*. Pendant la projection, j'étais allé trois fois aux toilettes sans comprendre très bien pourquoi, le film n'ayant pas tenu les promesses que j'avais placées en lui – il reste néanmoins dans mon panthéon intime un film culte. À la sortie, elle devait se demander pourquoi j'avais voulu l'entraîner voir ce film sans intérêt. Peut-être se ravisait-elle dans son appréciation de ce que j'étais. Peut-être me prenait-elle pour un crétin. Pour parer les critiques, je pris les devants et m'excusai de l'avoir embarquée dans cette galère. Il n'y avait aucun doute, le film était un navet.

Mon année au centre de rééducation marqua un tournant dans mon cursus médical. La chef de clinique qui supervisait notre travail était en difficulté face à ce que je représentais, un paraplégique venant travailler au centre de paraplégiques, qui avait donc une expérience à faire valoir. J'étais également le cousin de l'ancien responsable du centre parti aux États-Unis. Je constituais pour elle une menace potentielle. Cela d'autant plus que les collaborateurs du centre me réservaient un accueil très favorable alors qu'elle était quelque peu maltraitée, y compris par le chef du service qui, à l'époque, cherchait quelqu'un pour lui succéder avec la conviction intime que personne n'était à la hauteur. À telle enseigne d'ailleurs que le ministre de la Santé finit quelques années plus tard par fermer ce centre, considérant qu'il n'avait pas d'avenir en raison de sa localisation géographique et d'un bassin de population insuffisant. La messe était dite. Les paraplégiques n'avaient qu'à aller se faire rééduquer ailleurs. Ce sont toujours des décisions dramatiques. En fermant un centre de ce genre, c'est un ensemble de savoir-faire qui est irrémédiablement perdu. Cette année de travail au centre de rééducation fut pour moi l'occasion de repenser ma carrière dans le monde de la psychiatrie. J'étais plus intéressé par la psychosomatique, la compréhension de ce que le psychisme peut avoir comme influence sur le soma. La psychiatrie genevoise, après le départ de Julian de Ajurriaguerra, vivait des crises à répétition et d'inévitables guerres de succession. J'avais profité de ces remises en question pour découvrir la place que je voulais occuper au sein de cette famille où je commençais à m'intégrer à ma manière.

Agent double

Après mon année au centre de paraplégiques, j'ai décidé de m'initier à la psychiatrie de liaison placée sous la responsabilité d'Alain Gunn Secheaye. J'avais fait état devant lui de mon indécision quant à savoir si je resterais dans l'univers de la psychiatrie ou si je rejoindrais celui des somaticiens. J'étais en pleine interrogation. J'avais eu également un échange avec Willy Pasini, directeur de l'unité de sexologie, pour lui faire entendre que je désirais passer une année chez lui. Mon intention était alors de travailler plus tard dans le centre de paraplégiques et de prendre en charge tout ce qui touchait au rapport handicap-sexualité. Parce qu'il se passionnait pour la psychosomatique, Pasini s'est montré très intéressé par mon projet, y voyant peut-être la possibilité de mettre un pied supplémentaire dans l'hôpital cantonal. Je ne l'ai pas compris tout de suite. Il a donc soutenu mon projet et fait en sorte qu'on lui accorde un crédit. L'époque n'était pas aux coupes sombres dans les budgets, aux économies drastiques, il n'était pas très difficile lorsqu'on avait une idée de trouver le financement adéquat. J'ai rejoint le service de psychiatrie de liaison lorsque j'ai réalisé que j'avais été instrumentalisé par Pasini et du même coup déloyal envers mon chef de service. Lorsqu'il apparut manifeste que je me destinais à devenir le représentant d'un service concurrent, Alain Gunn Secheaye m'a convoqué pour me demander ce que je comptais exactement faire. M'intéresser au rapport handicap-sexualité ne remettait nullement en cause ma volonté de dépendre du service de psychiatrie de liaison. Je resterais donc dans son service. Mon ambition n'était pas de servir les intérêts des uns ou des autres. Ma transparence a éteint l'incendie mais elle n'a pas été du goût de certains.

J'ai rejoint le service de psychiatrie de liaison où j'ai été nommé médecin adjoint. Qu'est-ce qu'un psychiatre de liaison ? C'est un psychiatre qui vient comme consultant dans une unité de soins s'occuper d'une personne qui souffre d'un trouble psychique, trouble qui va de la maladie psychiatrique à une souffrance psychique réactionnelle à la situation dans laquelle elle se trouve au moment où elle est hospitalisée. Il va faire en sorte que les somaticiens, quelles que soient leurs spécialités, puissent donner au patient les soins optimaux que sa souffrance appelle. Il se place entre les soignants et les soignés comme un trait d'union nécessaire à l'optimisation du projet thérapeutique. Il donne aux soignants des indications thérapeutiques d'attitude en même temps qu'il soutient les patients durant leur hospitalisation. Il prend en compte les impératifs de soins des somaticiens sans méconnaître les raisons justifiant une certaine forme de résistance de la part des patients s'agissant du traitement proposé. Il est un intermédiaire, un traducteur pour le patient aussi bien que pour le soignant. Il s'agit d'un rôle de consultant qui n'implique pas que le psychiatre soit en charge du patient. Celui-ci continue à dépendre du somaticien dans le service duquel il est hospitalisé. Le lit d'hospitalisation n'appartient pas au psychiatre. Le travail de traduction implique que le soignant soit en mesure de se représenter les difficultés du patient et de les intégrer dans son programme de soins. Le domaine de la psychiatrie de liaison est nécessairement très vaste. Le psychiatre ne parle pas de la même façon à un chirurgien, un médecin interniste, un dermatologue, etc. Le chirurgien s'adresse à une pathologie avant de s'adresser à un sujet qui, lui, reste propriétaire de sa pathologie. S'il ne peut plus travailler sur du « matériel » humain, à cause des problèmes d'identification, il est en danger de perdre son objectivité et, partant, son efficience. Pour pouvoir exercer, il doit nécessairement se couper de la relation. J'ai compris cela le jour où j'ai assisté à une démonstration d'intervention chirurgicale filmée. Le commentaire du chirurgien tâchait de nous empêcher de rapporter les détails anatomiques à une personne en particulier. C'était évidemment pour lui la seule manière de procéder sans défaillir aussitôt et perdre sa capacité opérative. Comment voulez-vous scier une jambe si vous pensez au même moment que c'est la jambe de Pierre ou de Nathalie ? Lorsqu'une opération chirurgicale est ouverte au public, il n'est pas rare que certaines personnes venues y assister tombent dans les pommes. Il y a cette particularité dans l'attitude des chirurgiens que le psychiatre de liaison doit saisir et respecter afin de pouvoir les aider.

Même difficulté de communication entre les

internistes confrontés à des données techniques et à des patients provisoirement empêchés d'assimiler leurs explications parce que sous le coup, par exemple, d'une dissociation. Retiré de lui-même, le patient ne comprend soudain plus rien des propos du médecin. Il n'est plus là. Le rôle du psychiatre de liaison est alors de prévenir l'interniste que son patient n'a pas compris ses explications, parce que, au moment où il les lui donnait, celui-ci n'était plus là. La raison n'est pas que le patient, comme on l'entend parfois dans les salles de réunion, n'est pas très « frisé du cortex », ou qu'il est « peu différencié ». Si le projet thérapeutique rencontre un obstacle, c'est souvent parce que le patient se trouve empêché de le comprendre et donc d'y participer pleinement. Si le langage médical reste obscur aux patients, c'est souvent à dessein. Lorsque les médecins se sont rendu compte que prononcer le mot « tuberculose » équivalait à une condamnation à mort, ils ont fait le choix d'un autre vocabulaire. Ils ont parlé de phtisie. Ils ont parlé de tumeur pour ne pas parler de cancer. Une loi oblige désormais le médecin à obtenir un consentement éclairé de son patient, ce qui signifie qu'il doit l'informer de telle manière que celui-ci puisse accepter *en toute connaissance de cause* une intervention, un traitement ou les refuser. Le recours à Internet qui se généralise n'arrange rien. Une information non expliquée ne sert le plus souvent à rien. Elle peut être dévastatrice. Si vous lisez attentivement le dépliant glissé dans la boîte du médicament, vous tombez sur la liste des effets secondaires. Quelle folie vous ferait alors courir des risques pareils ?! Pour se garantir contre d'éventuels procès, les entreprises pharmaceutiques ont signalé tout ce qui avait été observé dans les essais cliniques. De quoi décourager le patient. Par habitude, par angoisse, les patients en général ne lisent pas ces recommandations. Quoi qu'il en soit, cette mauvaise observance thérapeutique de la part du patient est en lien avec le type de relation que le médecin engage avec lui.

Je ne travaillais donc pas uniquement avec les patients paraplégiques. J'étais là en réalité pour débrouiller un très grand nombre de situations. Un patient est hospitalisé à la suite d'un accident et se trouve faire un *delirium tremens.* Nous comprenons que la prise en charge a eu pour conséquence de le sevrer soudain de sa consommation d'alcool probablement importante. Le rôle du psy de liaison est dans ce cas de changer les mentalités de l'équipe soignante, de transmettre un savoir-faire dans la manière d'appréhender la situation. À celui-là on vient d'annoncer une mauvaise nouvelle qui l'a comme assommé. Il ne veut plus vivre. Le psy de liaison explique à ses collègues que ce refus de soin doit être analysé de façon positive. Pourquoi ? Parce qu'il témoigne de ce que le patient reste propriétaire de sa vie. Il y a une grande confusion chez les soignants qui croient dur comme fer que la peur de mourir ramènera les patients à la raison. Mais la peur de mourir n'a que peu à voir avec l'envie de vivre. On nous interpelle souvent pour vérifier si le patient qui refuse des soins possède sa capacité de discernement. A-t-il mesuré les conséquences de son refus ? L'entretien va montrer sans détour que son refus de supporter les effets secondaires de l'opération envisagée n'a pas pour origine une altération de sa capacité de discernement.

Dans ces quelques exemples, on comprend que le psy de liaison n'a pas de parti pris. Il doit soutenir le patient aussi bien que le soignant. S'il ne soutient pas le soignant, celui-ci ne lui demandera plus rien et se privera inutilement de son aide. Quant au patient, c'est l'intervention du psy de liaison qui permettra souvent de débloquer une situation verrouillée par la peur et l'incompréhension qui en est résultée. Cette opération de « traduction » à laquelle se livre le psy résulte de sa capacité à évaluer les besoins des deux parties. J'ai toujours dans ma vie, si j'y réfléchis, cultivé cette forme d'ambiguïté, appartenant à un camp et à l'autre, ou n'appartenant à aucun. On associe souvent en italien le mot *traduttore,* le « traducteur », avec le mot *traditore,* le « traître ». Le psy de liaison est toujours suspect de laisser pencher le plateau de la balance dans un sens ou dans un autre en fonction de *ses* intérêts. En réalité il sert les intérêts de l'un en pensant aux intérêts de l'autre. Mon enfance au milieu du monde paysan de mon village, moi qui venais d'un milieu bourgeois, voire aristocratique, ma vie de paraplégique mise bientôt au service des jeunes paraplégiques, furent autant de circonstances favorables à une prise de conscience de ce que pouvait être ma place, ou plutôt ma non-place dans le monde du soin. Il m'est difficile de dissimuler cette double identité de soigné-soignant, capable de me faire l'avocat des blessés aussi bien que de ceux qui sont appelés à les soigner : je le porte en moi et sur moi. Il ne faut pas très longtemps avant que les patients ne me demandent : « Mais vous, docteur, qu'est-ce qui vous est arrivé ? » Plus j'avance en âge et moins j'ai de difficulté à le leur expliquer. Avocat des deux parties, je réalise le fantasme infantile par excellence d'empêcher le divorce du soignant avec le soigné.

J'ai l'impression a posteriori que mon accident a joué un rôle semblable entre mes parents. Très inconsciemment, ce que je ressentais alors c'était la menace d'un divorce qui augmentait jusqu'à devenir un horizon. Mon accident est arrivé comme un tremblement de terre. Mes parents devaient soudain s'arracher de leurs préoccupations personnelles pour voler à mon secours. Je devenais le centre de leur monde. L'enfant veut toujours être le centre de l'attraction, et de là il contrôle tout. N'est-il pas prêt à se sacrifier pour empêcher que ses parents ne se séparent ? J'avais failli accomplir ce sacrifice total, mais pour finir j'étais resté vivant et, pour jamais, je portais en moi la mémoire de cet acte et de ce qu'il avait empêché. Le psy de liaison poursuivait donc cet effort de lutter contre la menace d'un divorce. Il ne s'agit pas d'une médecine glorieuse. Vous restez dans l'ombre de ceux qui font les grandes choses. Vous êtes un allié. Les parties doivent pouvoir compter sur vous. Et cela fonctionne plutôt très bien. Les thérapeutes se confient à moi et cela crée entre nous des liens.

Lorsque je rentre dans la chambre d'un patient que je viens voir pour la première fois, il m'arrive quelquefois d'entendre : « Vous vous êtes trompé de chambre. » Je dois démentir et me présenter en tant que médecin psychiatre. C'est l'expression que mon apparence ne correspond pas à l'idée que le patient se fait du psychiatre qui doit venir le visiter. Sa vision est chamboulée. La méprise vient aussi de ce que je ne porte pas de blouse blanche. Je me suis demandé un jour à quoi servait une blouse blanche. La blouse permet au soignant de protéger ses habits et prévient le soigné contre les bactéries que peut transporter le psy. Elle souligne aussi la position de neutralité du thérapeute qui n'est plus, lorsqu'il soigne, M. Untel, mais un simple soignant. Tout cela ne m'a pas convaincu et j'ai pris la décision un jour de ne plus mettre ma blouse pour me contenter de mon badge, comme j'en ai l'obligation. Allais-je pour autant perdre mon identité de soignant ? J'ai pu le redouter un moment. Mais non, cette identité était à l'intérieur de moi, une blouse ne pouvait la garantir, comme l'habit du moine ne pouvait garantir qu'il avait tourné sa vie vers

Dieu. La rencontre avec un psy en fauteuil roulant, sans rien qui l'identifie en tant que soignant, apporte à l'évidence un trouble à l'ordre des choses. Voilà que les malades sont les soignants. Passé ce moment de surprise et peut-être de déception, les choses s'engagent plutôt bien, dans un souci évident de vérité. Comme si la perturbation qu'avait induite l'apparition d'un malade qui se révélait être en réalité un soignant avait eu pour conséquence de faire tomber les défenses. Comme si le malade parlait à une sorte d'alter ego qui se trouvait être en même temps le soignant. Les gens finissent en général par oublier que je suis dans un fauteuil roulant, comme si tout cela s'évaporait. Et lorsqu'ils le redécouvrent, ils en sont tout surpris.

Un homme qui donnait une formation à laquelle j'avais participé m'appela un jour pour me demander un conseil. Il était embarrassé et visiblement perdu. Son fils venait d'avoir un accident et, de toute évidence, ne recouvrerait pas l'usage de ses jambes. « Ne connaîtriez-vous pas quelqu'un qui puisse s'entretenir avec lui ? » « Moi... », avais-je répondu. Il se souvenait de mon nom, avait trouvé mon numéro de téléphone mais ne se souvenait pas que j'étais dans un fauteuil roulant. En même temps cela avait bien dû se fixer quelque part dans sa mémoire pour qu'il m'appelle, moi. Je me suis alors demandé, puisque le cas n'était pas isolé, pourquoi les gens oubliaient ce « détail ». La réponse que je peux faire est que mon handicap ne leur appartient pas. Il m'appartient totalement et exclusivement. Il s'agit de ma propriété. Si je n'acceptais pas mon handicap, j'essaierais probablement de m'en débarrasser et ils n'oublieraient pas ce « détail ». Cela deviendrait alors un bien en déshérence pouvant devenir la propriété de n'importe qui. La question n'est donc pas d'être perçu à travers les insignes de sa fonction (la blouse blanche) ou les dehors de sa condition de paraplégique (la chaise roulante), mais à partir d'une position de soignant que j'incarne avec mon authenticité. Cela ne fait aucun doute à mes yeux que je suis thérapeute.

Tuer ou sauver tous les affreux ?

Un patient que j'avais accompagné et avec qui j'étais resté en lien m'avait dit une fois : « Vous, vous êtes un passeur. » Je l'avais rencontré durant son hospitalisation. Il était polytraumatisé, et nous avions fait, lui et moi, un long chemin ensemble avant qu'il ne quitte l'hôpital pour une clinique de rééducation. Nous avons échangé à propos de ce qui le touchait, lui, mais aussi de tout ce que nous avions en partage. Il avait fait de la philosophie et avouait comme moi des passions épicuriennes pour la bonne chère, mais aussi pour la musique. Notre échange débordait le cadre de l'entretien psy tel qu'on se le représente. « Parlez-moi de votre enfance... » Il s'agissait bien entendu de l'inviter à me parler de lui. « Quel être vivant êtes-vous ? » Je m'intéressais à sa souffrance dans la mesure où je savais qu'elle allait constituer le moteur de sa nouvelle vie. Sa souffrance ne m'effrayait pas. Mon attitude, mon histoire devaient lui prouver que j'étais en mesure de l'accueillir, qu'elle ne me détruirait pas. J'étais un « passeur » parce que je l'aidais à accepter cette souffrance et à faire en sorte qu'elle l'aide à se transformer. L'essence du travail psychothérapeutique est précisément de soulager le patient de cette part de souffrance qui pourrait être sinon destructrice. C'est un peu la question de la transformation de l'énergie atomique en énergie domesticable.

Les soignants ne sont pas dans une situation différente. Si un soignant m'appelle, c'est qu'il est en difficulté. À cause de ma situation, le soignant souvent m'investit d'un pouvoir particulier : « Toi, à cause de ta situation, tu peux mieux comprendre. » La situation se trouve soudain inversée. Combien de fois les thérapeutes entendent cette phrase dans la bouche de leur patient : « Oh, vous, docteur, vous ne pouvez pas comprendre, vous n'êtes pas à ma place. » Dans mon cas, il était manifeste que je comprenais ou que je devais comprendre. Comme si les valides étaient définitivement des handicapés ! Si les paraplégiques du centre de rééducation pariaient sur une complicité avec moi, je pouvais faire en revanche l'objet d'une réelle agression de la part de patients qui me crachaient à la figure tout le mépris qu'ils avaient pour leur propre situation. Je n'avais pas à l'époque les défenses dont je dispose aujourd'hui. J'arrivais en tendant la main et je me faisais mordre. J'explique aujourd'hui à mes internes qu'il leur faut descendre dans la fosse aux ours essuyer leurs attaques, puis sortir pour panser et penser leurs blessures. Peut-être les soignants sont-ils de tous les plus difficiles à apprivoiser. C'est probablement ceux que ma double identité dérange le plus. Qu'est-ce que c'est que cette chimère ? Le psy est toujours un personnage sulfureux. Mettez-le sur une chaise et vous aurez fabriqué un monstre infréquentable. Ajoutez à cela que je ne revendiquais pas d'appartenir à une école ou à une chapelle, préférant puiser dans différentes théories ou boîtes à outils. Lorsque l'on voit les guerres picrocholines que les partisans de telle et telle école peuvent se livrer, on se prend à redouter que des patients ne tombent entre leurs mains. L'autre devient mauvais parce qu'on veut le pouvoir. Une fois cet autre écarté, détruit, il faut nécessairement se tourner vers un autre et ainsi de suite, comme une addiction.

La confrontation avec le psy n'est jamais anodine pour le patient. Des difficultés peuvent survenir s'il n'a pas été prévenu de sa visite ou n'a pas osé la refuser. La crainte du psy est toujours vivace. Le psy s'occupe du centre névralgique même où tout est censé se décider. Le somaticien peut donner l'impression, dans cette acception, de ne s'occuper que de la périphérie. L'enfant s'adresse à la main qui a renversé le bol de lait en disant : « Vilaine, la main ! » Il se soustrait à l'acte d'accusation et offre sa main au jugement. Ce que redoute le plus le patient, c'est qu'on vienne s'immiscer dans ce centre névralgique, qu'on mette en question son aptitude à gouverner sa vie. C'est ce que la démence de la personne âgée vient mettre en péril d'une autre façon et qui nous terrifie. À telle enseigne que certains voudraient que la collectivité abandonne, voire euthanasie, ceux qui n'ont plus le contrôle de leur raison. Comment imaginer de hiérarchiser les souffrances, entre celles que la société déciderait de soulager et les autres ? Il n'existait pas autrefois d'établissement médicalisé pour les personnes âgées qui ne parvenaient plus à se prendre en charge. Les familles les assumaient alors avec plus ou moins de mauvaise grâce. Comment nourrir celui qui ne rapporte plus ? Ce n'est pas par humanisme que nous avons soudain entendu la détresse des personnes âgées et avons décidé de leur venir en aide. Les familles ne pouvaient plus les assumer, le tissu familial avait commencé à se déliter. Il fallait trouver collectivement une solution. Ma condition de handicapé est étroitement liée au fait que notre société peut aujourd'hui se permettre de soigner et d'intégrer des gens comme moi. La société m'a permis d'être un citoyen comme les autres, qui paie ses impôts et contribue à l'effort social national. Je suis pourtant convaincu que si nos conditions de vie se dégradaient de manière significative, en Suisse comme en Europe, il y aurait des politiciens pour poser la question de la nécessité d'aider des personnes en situation de handicap. Aplanir les obstacles architecturaux qui se dressent sur leur chemin, bâtir aux normes qu'exige la prise en compte de leur handicap nécessite des budgets considérables. Les choses pourraient rapidement s'inverser. Le progrès social n'est pas un acquis définitif. Si la société régresse dans la barbarie, les droits de la femme ne seront pas respectés non plus.

Je ne me fais donc pas d'illusions sur mon devenir en cas de bascule sociale. Je ferais partie des gens qui passeraient à la trappe parce que les priorités auraient changé. L'intégration des handicapés n'en ferait plus partie. Mais pourquoi vouloir intégrer tout le monde ? Et surtout comment ? Le projet est totalement irréaliste. La loi dit que nous devons pouvoir avoir accès à tout comme si nous n'avions pas de handicap. C'est un mensonge total. Il y a des obstacles qui m'empêcheront toujours d'avoir accès à certains bâtiments, certains espaces, etc. Un groupe qui s'occupait de la gestion de l'urbanisme discutait un jour sur la question de l'abaissement des trottoirs. Devaient-ils affleurer la chaussée afin de permettre à quelqu'un en fauteuil de passer sans heurt ? On comprend bien que s'il demeure un écart de niveau, ne serait-ce qu'infime, les petites roues avant de la chaise roulante risquent de buter contre et le passager de la chaise de chuter. La logique voudrait donc que ce soit affleurant. Mais que fait alors un aveugle lorsque tout d'un coup le trottoir s'abaisse et que la limite entre la chaussée et la partie piétonne disparaît ? Voilà tout à fait le genre de discussion qui montre que si on cherche à régler tous les problèmes, on en crée d'autres. Le cadre légal est défini par l'esprit des lois. Il s'agit avant tout de faire preuve de réalisme, de ne pas faire en sorte qu'un « progrès » ne rende à d'autres la vie plus compliquée qu'elle ne l'était.

Je vis aujourd'hui un peu comme certaines espèces qui se développent dans des conditions climatiques favorables et disparaissent si ces conditions ne sont plus assurées. Cette volonté d'accueillir tour le monde va bien entendu à l'encontre du rêve eugénique qui repose sur la santé, la force, l'intelligence et qui ne cesse de travailler l'imaginaire occidental. Les conditions de vie nous ont conduits à nous montrer plus forts que la nature dont les cycles nous placent de façon récurrente dans des situations d'extrême précarité. Nous avons imaginé des parades pour répondre à ce qui, périodiquement, vient nous menacer. Nous ne connaissons plus les grandes famines qui ravageaient les populations des siècles passés, mais nous sommes malades de trop manger. Nous ne craignons plus d'avoir froid, au moins la majorité d'entre nous, mais nous transpirons dans nos appartements surchauffés. L'obsession de l'être parfait hante chacun d'entre nous et nous conduit, plus ou moins consciemment, à « éliminer tous les affreux », comme l'écrivait Boris Vian. Pourquoi garder ceux qui ont des défauts ? Nous pourrions être tentés de leur ressembler. Horreur ! La méthode est alors, comme l'avait compris Ceaucescu, de ne plus apporter secours aux personnes handicapées, de les laisser mourir.

J'étais un miraculé de la science dans une époque qui commençait à exprimer son horreur de la mort. La mort est scandaleuse et chacun est tenu, en fonction de ses ressources psychiques et financières, de lui échapper le plus longtemps possible. La mort marque la fin de l'agir que nos sociétés ont élevé au rang de seule et unique preuve existentielle, et c'est pour cela qu'elles la détestent, comme elles détestent tout ce qui est improductif et ne rapporte rien comme la rêverie, la méditation, la vieillesse. En méditation, votre esprit se trouve en lévitation, il n'est plus dans le contrôle, la rentabilité. Tout peut survenir et vous emporter encore plus loin. La mort est pourtant notre seule certitude, tout le reste est hypothétique. Ce que j'avais pris, enfant et adolescent, pour des moments où je traînais, étaient en réalité ces lieux où je m'inventais. Agir nous procure une jouissance particulière mais nous éloigne de nous. Au contraire, le soin réclame de ceux qui le prodiguent qu'ils soient eux-mêmes, qu'ils quittent l'agir ou alors ils se condamnent à n'être que des prestataires de soins. Ils sont comme des prostituées qui donnent leur corps et à qui on ne demande pas de donner de l'amour. C'est la raison pour laquelle maintenant que j'ai quitté l'hôpital, l'heure de la retraite ayant sonné, je veux continuer à faire fructifier tout ce patrimoine si durement acquis pour en faire profiter les autres. Je ne veux pas faire partie de la congrégation des consommateurs gériatriques qui vont visiter la planète sur des *Costa Concordia*. Je crois aux « vieux sages » qui ont acquis une expérience et qui se trouvent en mesure de la partager avec ceux qui se mettent en chemin. Ils doivent représenter la dimension rassurante du vieillissement. La vieillesse est peut-être ce naufrage dont parlait le général de Gaulle, mais elle est aussi une ressource à laquelle les générations plus jeunes peuvent venir puiser. Aller vers le vieillissement comme une maturité et pas comme une décrépitude. J'aspire à une mort rassasiée, à pouvoir dire : « J'ai eu assez. »

Françoise est venue vivre avec moi en me prévenant qu'elle ne voulait pas que nous habitions là où j'avais partagé ma vie avec une autre. Un logement virginal, en quelque sorte. Nous avons fini par trouver le rez-de-chaussée d'un chalet exigu à la campagne, assez peu adapté à mon handicap. L'amour s'était chargé de nous donner des ailes. Nous avions été très circonspects avec nos familles pour nous laisser le temps de bâtir quelque chose ensemble avant de les voir débarquer dans notre vie. Lorsque nous avons officialisé notre relation, j'ai réalisé combien on avait pu s'inquiéter dans mon entourage de ces deux années que j'avais passées seul. Je redécouvrais, moi aussi, combien j'avais besoin de me prolonger dans une femme que j'aimais, que je n'étais pas fait pour vivre seul, quand bien même je pouvais rechercher à certains moments la solitude par mes silences, mes absences, parce que j'éprouvais simplement le besoin de me retrouver avec moi-même. Plus que tout j'avais besoin de partager. Mais qui dit partage dit compromis et inévitablement conflits. Le conflit est une dimension essentielle de la vie. Ce qui peut le rendre désagréable, c'est la dimension émotionnelle qui parfois l'accompagne. Le conflit peut s'apparenter dans ce cas à de l'hostilité, avec l'idée de supplanter l'autre, la crainte d'être supplanté, etc. Le couple doit être en mesure de gérer le conflit sans quoi il est menacé de disparaître. Nos divergences apparaissant, nous sommes tenus désormais de négocier pour construire ensemble. Le compromis issu de la négociation ne comporte pas cette dimension d'hostilité qui caractérise le conflit tel qu'on l'entend habituellement. Je suis convaincu que si l'homme et la femme sont faits pour construire quelque chose ensemble, ils ne sont pas faits pour vivre tout le temps ensemble. C'est toute la difficulté de quitter l'état idyllique du début de la relation amoureuse qui fait revivre en nous la fusion maternelle, pour découvrir le monde des divergences, des négociations, des compromis.

La personne qui s'engage à vivre avec un paraplégique doit accepter un très grand nombre de renoncements. Il ne lui sera pas permis de partager certaines activités. Ce que l'un voudra faire, l'autre en sera empêché. Françoise et moi ne pouvions pas décider de manière impromptue de passer la nuit à bord d'une barque sur le lac Léman, de faire l'ascension du mont Blanc. C'étaient pour l'un comme pour l'autre autant de crève-cœur, sauf que l'un y était contraint et que l'autre l'acceptait. En épousant ma condition, elle acceptait de relever le défi de sa propre adaptation.

Françoise avait pu se représenter de la même façon, puisque j'étais paraplégique, qu'elle devait renoncer à l'idée d'avoir des enfants avec moi. Ce sont de lourds sacrifices. Bien évidemment, dès que notre relation s'est installée, elle a compris comme moi qu'il existait une chance et nous étions assez fous l'un et l'autre pour imaginer que nous saurions la saisir. Nous n'allions en aucune façon baisser les bras, nous résigner. J'ai connu avec Françoise une phase de développement plus grand que ce que j'avais pu connaître auparavant. Elle me stimulait à développer des aptitudes que je n'avais pas développées jusque-là. Son enthousiasme débordant et notre inexpérience étaient nos meilleurs atouts. Pas question de ne pas essayer. Mon handicap constituait en réalité un élément de stimulation pour l'un comme pour l'autre. Nous avons ensemble repoussé les limites, même si ces limites sont réapparues avec l'âge. Je suis aujourd'hui davantage sur une phase de déclin des possibilités qui me sont offertes. J'entre dans le processus du vieillissement caractérisé par une succession de séparations. J'ai vécu ces séparations de façon prématurée à la suite de mon accident. À force d'entêtement, d'autopersuasion, j'ai conquis des espaces de liberté qui m'ont permis de vivre une vie normale, c'est-à-dire une vie qui me plaisait.

La difficulté est de constater que ces espaces s'amenuisent, qu'il m'est plus difficile de me donner de nouveaux défis dans la mesure où mes forces diminuent. Je fais ici, encore une fois, une différence entre la résignation qui est la porte ouverte à la dépression, et l'acceptation qui ouvre l'individu à la possibilité d'une réaction dynamique, exempte de toute dimension d'hostilité. L'acceptation s'apparente à ce que Lytta Basset appelle la « joie imprenable ».

Quelle place mon handicap a-t-il exactement joué dans la construction de notre relation ? Françoise m'aurait-elle aimé de la même manière si je n'avais pas été en chaise roulante ? Aurais-je pu m'intéresser à elle si elle avait été en chaise roulante ? À la dernière question, je dois répondre qu'à l'époque où nous nous sommes rencontrés, je supportais encore très mal mon handicap et qu'il m'aurait été très difficile de me tourner vers une personne paraplégique. Par le fait qu'elle était valide, Françoise m'offrait de sortir de mes limitations.

Quant à savoir ce qu'il en aurait été si je n'étais pas tombé de mon peuplier, je ne peux même pas l'imaginer. Je me suis construit en réaction à ce que la vie avait détruit, puisant et découvrant en moi des ressources intérieures insoupçonnées. Avant la découverte du pétrole, on ne l'exploitait pas. Si j'ai aujourd'hui tant de choses à raconter, c'est que je suis descendu dans ma condition de handicapé avec toutes les difficultés que cela suppose, difficultés singulières dans la mesure où tout le monde n'a pas la chance de vivre une expérience comme la mienne. La contrainte où je me suis trouvé a été l'opportunité de grandir et de verticaliser ma vie. De cet effort de verticalisation, Françoise a été partie prenante. Elle était assez folle pour accepter de partager ses jours avec un paraplégique. Comme j'étais assez fou pour penser que la difficulté de procréer qui était la nôtre ne nous empêcherait pas d'avoir des enfants. C'était mon acte de foi. J'y avais cru même avant mon opération, à une époque où il n'existait aucune chance d'y parvenir et donc aucune raison d'y croire.

« Comment avez-vous fait ? »

Alain Rossier, le médecin-chef du centre de rééducation qui, je l'ai dit, se trouvait être aussi mon cousin, m'avait prévenu très tôt que je ne pourrais pas avoir d'enfant. Patrick Segal qui a eu également affaire à lui dénonce dans son livre *L'homme qui marchait dans sa tête* la brutalité de son diagnostic lorsqu'il lui a appris qu'il ne marcherait plus. Il y avait pour Alain Rossier une obligation de dire les choses, à n'importe quel prix. Cette brutalité s'expliquait par le fait que lui, ce handicap, il ne l'avait jamais accepté. Il était devenu rééducateur pour cette raison, parce qu'il refusait la fatalité du handicap. Il a été également à l'origine d'un fonds de recherche pour la régénération médullaire toujours actif. J'ai personnellement renoncé à cette idée de pouvoir un jour marcher qui, lui, ne l'a probablement pas un seul instant quitté. Si je devais remarcher aujourd'hui, je ne sais pas comment je le supporterais. Comment faire le deuil de ce qui nous a accompagné toute notre vie et qui a été le moteur d'une telle croissance ?

Après avoir été tenue secrète vis-à-vis de nos collègues, ma relation avec Françoise était désormais officielle à l'hôpital – nous travaillions ensemble au centre de paraplégie, elle comme ergothérapeute et moi comme médecin. Nous vivions ensemble et voulions même, envers et contre tous les conseils de bon sens, avoir un enfant. Nos tentatives n'ayant pas abouti, j'avais décidé de faire un spermogramme pour m'assurer que mon sperme était fonctionnel. Les résultats étaient tout à fait rassurants. Nous avions donc poursuivi nos travaux d'approche et Françoise fit une fois encore un test de grossesse. Il était cette fois positif ! L'annonce tenait du miracle ! Nous eûmes le désir de le partager avec tout le monde, tout en sachant que c'était brûler les étapes. Immédiatement après le test, nous étions partis dans le Jura visiter les parents de Françoise qui furent d'une gaieté folle. Pas en apprenant qu'elle était enceinte, ce que nous nous étions gardés de leur dire, mais parce que son frère et sa belle-sœur, enceinte d'un mois, étaient présents, et que l'enfant à naître était le sujet de toutes les conversations. Le père était partagé entre sa joie d'être bientôt grand-père et l'amertume de se rappeler que ce bonheur ne serait jamais celui de sa fille aînée. Médecin, il savait ce que la littérature médicale racontait à propos des paraplégiques. Nous avions été sur le point de lui dire les choses mais avions réussi à tenir notre langue, considérant qu'il pouvait bien attendre encore trois mois si cette attente se soldait par une bonne nouvelle. Au retour nous nous sommes arrêtés chez mes parents. À eux nous n'avons pas pu taire que le test de grossesse était positif et qu'il nous était permis d'y croire. C'était une forme de remerciement adressé à ma mère, demeurée toujours à mes côtés, pour sa foi inébranlable. C'était le présent que je lui faisais. Papa s'est contenté de faire une plaisanterie pour éviter d'être emporté par l'émotion. Il disait de cette manière ce qu'il ne pouvait exprimer autrement. Mon statut dans la famille changea à partir de ce jour. Cette grossesse était un critère de normalité considérable. En quoi n'étais-je pas normal désormais ? J'avais fini ma médecine, entamé une spécialisation, m'étais marié, avais divorcé, avais rencontré Françoise qui avait fini par être enceinte. Nous étions dans l'accomplissement de ce à quoi un couple est le plus généralement destiné. Puis, n'y tenant plus, nous avons mis les parents de Françoise dans le secret. C'était un peu à eux malgré tout que je devais d'avoir pu rencontrer Françoise. Le remerciement leur était aussi adressé. Leur joie fut immense.

Les questions maintenant fusaient à propos de ce qui demeurait l'énigme de cette grossesse : comment avions-nous fait ? Il y a ceux qui ignorent tout de la situation du paraplégique mais qui se doutent que quelque chose est empêché. Pour ceux-là l'interrogation vise à ce qu'on leur confirme que les paraplégiques sont bien des gens « normaux », qu'ils peuvent se reproduire. Et puis il y a ceux qui savent que le handicap signifie une altération du fonctionnement de la fonction sexuelle. La question est pour eux de savoir comment le miracle a été possible puisqu'il est dit que les hommes paraplégiques ne peuvent pas avoir d'enfant. Pour les femmes, les choses sont différentes. Si la fonction de sensibilité, du fait de la paraplégie, est empêchée, si elles ne jouissent pas, l'ovulation régie par des productions d'hormones reste intacte. Le cycle après un traumatisme médullaire est interrompu pendant deux ou trois mois, mais il reprend. La production de spermatozoïdes, dans le cas d'une paraplégie, n'est pas interrompue non plus. Des complications infectieuses ou la température des testicules trop élevée en raison de la position assise permanente peuvent diminuer en revanche le pouvoir fécondant du sperme. Plusieurs obstacles peuvent venir s'interposer sur la voie de la procréation. Les problèmes majeurs restant la récolte du sperme en quantité suffisante pour pouvoir espérer une fécondation et la difficulté de provoquer volontairement une éjaculation. Comment nous y étions-nous pris ? La question nous fut maintes fois posée et sans détour. Je me prêtais volontiers à ces interrogatoires. Venaient bientôt les doutes sur ma paternité. Le seul qui ne me posa pas la moindre question, sans doute par pudeur, ce fut Alain Rossier, responsable du centre de paraplégie. C'est lui qui m'avait prédit que je ne pourrais jamais avoir d'enfants.

L'insensibilité liée à la lésion médullaire est complète mais reste très difficile à se représenter. J'ai pris plus haut l'image de l'anesthésie locale chez le dentiste. Sans doute vous souvenez-vous que dans ce cas, lorsque votre langue rencontrait votre gencive, elle avait l'impression de toucher un corps étranger. Pourtant tout lui indiquait qu'il devait s'agir de quelque chose dans votre bouche qui s'apparentait à votre gencive. Dans le cas qui nous occupe, l'insensibilité laisse intacte la capacité érectile, bien entendu à la condition que le cône médullaire – la fin de la moelle épinière – soit resté intact. Sans quoi les centres réflexes de l'érection situés à cet endroit ne fonctionnent plus, au même titre que les centres réflexes qui régissent la contraction vésicale, le sphincter anal et dont dépendent la vidange vésicale et la vidange intestinale. Ma capacité érectile étant restée intacte, tout dépendait de la possibilité de déclencher une éjaculation. Ce fut le pied de nez aux pronostiqueurs médicaux qui considéraient que la fonction avait disparu avec le handicap et que la conception était donc impossible. Mais comment, me direz-vous, provoquer l'érection de façon réflexe ? J'en avais fait très tôt l'expérience lorsque, lors de ma rééducation, l'infirmière venait faire ma toilette et déclenchait malencontreusement, pour elle comme pour moi, une érection sujette à toutes les ambiguïtés. Cette érection suivie d'une éjaculation réflexe était donc possible dans mon cas et rendait probable la procréation. Je le savais donc depuis les premiers temps de mon hospitalisation. Je suis devenu père parce qu'il s'est trouvé que toutes les conditions étaient réunies pour que je le devienne.

Le doute concernant la paternité touche tous les hommes. « Suis-je bien le père de mon enfant ? » Quel père ne s'est pas posé la question ? Seule la mère détient la réponse. Ce doute est exacerbé si une difficulté est survenue dans le processus de procréation. La fantasmagorie qui tourne autour de cette affaire va s'en trouver décuplée. Je ne peux cacher que la question m'a traversé l'esprit, que je me suis demandé si Françoise était allée voir ailleurs pour me convaincre aussitôt qu'elle était droite comme un I, qu'une femme comme elle n'aurait jamais pu faire une chose pareille. Et puis nos enfants, une fois qu'ils sont nos enfants, est-ce que nous pensons une seconde qu'ils ne sont pas les nôtres ? Est-ce que nous nous détacherions d'eux en apprenant qu'ils ne sont biologiquement pas les nôtres ? Impossible. J'ai un lien avec mes enfants tellement fort ! Ce lien excède la question génétique. La génétique, c'est le patrimoine que la relation va influencer. C'est l'histoire de l'environnement sur l'expression des gènes. Que savons-nous précisément du mystère de la vie ? Nous élucidons des mécanismes, mais aucun d'eux ne nous renseigne sur l'objet principal de notre enquête. Plus nos connaissances augmentent et plus nous mesurons l'étendue de notre ignorance. Nous devons faire preuve d'humilité et accepter de vivre avec. Notre défi est de vivre avec ce que nous sommes et pas avec ce que nous ne sommes pas, quand bien même toute la société conspire pour que nous soyons autrement. Ne suis-je pas toujours en danger de négliger ce que je suis au fond de moi ? Ce que je suis me met en porte-à-faux avec des représentations de moi que j'entretiens et que la collectivité m'aide à entretenir ; mais aussi avec des préceptes moraux. Je ne dois pas être raciste et en même temps je sens bien qu'en certaines circonstances je refuse l'altérité parce qu'elle me dérange. Comment est-ce que je gère cette contradiction qui me persécute ? Je la gérerai d'autant mieux que je saurai, s'agissant de moi, à qui j'ai affaire. Rien de plus épouvantable que le vernis qui s'écaille. À moins qu'on n'ait appris à connaître ce qui est dessous.

La grossesse s'installait et je pouvais à présent vivre librement mon ambivalence vis-à-vis de la paternité. Avant que Françoise ne soit enceinte, je ne pouvais que vouloir être père. Mais maintenant que l'échéance s'annonçait, je prenais peur. Je devenais même un peu distant vis-à-vis d'elle. Notre relation se transformait. Elle vivait de son côté des remises en question profondes. Elle avait lâché l'ergothérapie pour aller travailler dans une librairie pour enfants. Comment imaginer que le fait d'accueillir un être au plus intime de soi ne bouleverse pas toute votre vie ? La femme féconde devient une femme totale, la *mater*. Je vivais à ses côtés ces bouleversements, fier de ce que j'avais pu faire pour permettre ce miracle pour immédiatement après m'interroger sur la paternité de l'enfant. En étais-je bien le père ? La question était lancinante. Comment devenir un père alors que j'avais eu moi-même un père dont je n'avais cessé de questionner ou de critiquer le magistère ? « Méfiez-vous de ce que vous voulez, quand vous l'aurez. » Le proverbe est chinois.

Mon ambivalence prit fin un vendredi soir quand Françoise, quinze jours avant l'échéance annoncée, me prévint qu'elle avait ressenti les premières contractions. J'avais prévu d'aller manger des huîtres avec mon frère chez un ami, Françoise ne les appréciant guère. Je me trouvais tout d'un coup quasi contrarié. Je me suis presque fait la leçon pour finir par téléphoner à cet ami et lui dire que Françoise était sur le point d'accoucher. Je devais décliner ma participation à ce dîner. J'ai avalé un grand café en prévision de la nuit qui s'annonçait et nous sommes partis pour la maternité. J'ai pu vivre aux côtés de Françoise ce que décrit si bien Frédérick Leboyer, cette « vague » faite d'une succession d'états de conscience de la parturiente qui se dissocie, états que Leboyer qualifie de psychotiques. L'enfant vint au monde et nous découvrîmes qu'il s'agissait d'un garçon. Le temps s'est suspendu lorsque sa mère a entrepris de faire un examen minutieux du nouveau-né pour s'apercevoir, soulagée comme moi, que rien ne manquait ! Il était entier et tout paraissait apte à l'exercice de la vie ! J'ai laissé Françoise et suis allé me coucher. Lorsque j'ai émergé en fin de matinée, j'ai découvert qu'il avait neigé. Un magnifique faisan avançait sur ce manteau de neige comme pour me saluer.

La parabole du paraplégique thérapeute

En tant que praticien, j'ai la conviction que mon savoir de médecin psychiatre est intimement lié à une expérience personnelle qui retentit sur lui. Puisque je ne me suis pas occupé dans ma vie de fabriquer des tuyaux en béton mais de soigner des gens qui souffrent, cette expérience personnelle résonne continûment avec mon expérience professionnelle. Cette expérience de vie personnelle m'a amené à questionner ma propre souffrance, à découvrir mes limitations, tout ce qui génère des frustrations, en somme, et à devoir les dépasser. Lorsque j'ai commencé mon travail de soignant, je n'ai pas compris tout de suite que ce que j'avais vécu et l'enseignement que j'avais pu tirer de ce vécu m'appartenaient en propre. Ils n'étaient pas reproductibles. La manière dont j'avais surmonté mon handicap me renseignait avant tout sur mes ressources personnelles et environnementales. Ce qui avait été mes « recettes » à un moment donné n'était applicable ni à mes patients ni une autre fois à moi-même puisque j'avais naturellement changé. Nous ne sommes pas égaux en ressources devant le malheur. Il y a des gens qui ne sont pas dans ma situation de handicap mais qui sont plus handicapés que moi dans leur quotidien, plus limités alors qu'apparemment ils n'ont pas ces limitations. Ils sont limités parce qu'ils ne parviennent pas à exploiter les ressources qui sont les leurs. Tant qu'ils n'ont pas accès à ces ressources, ils sont en danger. L'épreuve qui va se présenter sur leur chemin de vie ne va pas nécessairement les aider à connecter ces sources vives qui dorment au fond d'eux-mêmes. Il ne suffit pas de leur dire : « Vous devriez faire ceci ou cela » pour les voir réagir dans le bon sens. Il y a là une inégalité de fait que la thérapie ne va pas réparer. Avoir un handicap important me prend beaucoup d'énergie et de temps, c'est un fait, mais je dois reconnaître que cela a constitué pour moi la possibilité d'un dépassement, d'une mobilisation de ressources dont j'ignorais absolument l'existence. La difficulté pour le soignant est de créer les conditions suffisantes pour que le sujet puisse espérer accéder aux ressources nécessaires à sa guérison. Le patient doit se remettre à croire qu'il a la capacité de surmonter son épreuve. Le fondement de la thérapie c'est très précisément de rétablir l'espoir. Peut-être le patient espérera-t-il quelque chose qui ne viendra pas, mais cette force d'espérance l'amènera ailleurs que là où il se trouvait et cet ailleurs se révélera alors acceptable. Cet ailleurs ne peut être jugé acceptable avant d'y parvenir et on ne peut y parvenir que si on s'est mis à croire qu'on allait pouvoir se mettre en chemin vers sa guérison. Cela m'évoque ce vers du poète argentin Roberto Juarroz qui dit : « On arrive toujours, mais ailleurs. » On parvient là où on avait projeté de se rendre sans se rendre compte qu'on était parvenu ailleurs. L'erreur serait, pour le soignant comme pour le patient, de ne pas saisir ces opportunités.

La question n'était pas pour moi de savoir si j'allais récupérer mes jambes mais bien de savoir si j'allais supporter de m'en passer. Toute la complexité du travail de deuil est d'apprendre à se passer de ce qui paraît indispensable. Quel système de suppléance vais-je pouvoir adopter et faire mien ? S'adapter, c'est trouver des systèmes de suppléance. Il faut commencer par renoncer à quelque chose. La souffrance est à la mesure du renoncement à ce qu'on croyait indispensable à notre vie. Mais j'accepte d'autant mieux qu'une porte se ferme si je prends conscience qu'une autre porte peut s'ouvrir. La thérapie consiste à donner au patient l'espérance que cette porte qui ne s'ouvre plus n'est pas la seule, qu'il en existe d'autres. En même temps, l'entêtement du patient à vouloir forcer un passage, à revivre ce qui lui est désormais interdit, participe de ce travail de deuil qui doit l'amener, avec la complicité de son thérapeute, à se mettre en mouvement vers cet ailleurs qu'il ne connaît pas. En aucune façon il ne peut être question de l'accabler parce qu'il s'emploie à essayer de revivre ce qui ne reviendra plus à la vie. *Errare humanum est, perseverare diabolicum,* « Se tromper est humain, persévérer est diabolique ». C'est parce que le patient a besoin de persévérer dans son « erreur » qu'il réclame le soutien de personnes qui ne le condamnent pas. La souffrance devient alors acceptable. Changer signifie d'abord faire la même chose devenue inutile. Dans ce temps où, par nécessité, le patient insiste dans la mauvaise direction, se fourvoie, il a besoin de l'autre, de l'amour que cet autre peut lui donner pour franchir l'obstacle. La bienveillance est le ressort de la thérapie. Le thérapeute peut se représenter la souffrance de l'autre parce qu'il est en mesure de l'évaluer, mais sans se révolter contre elle. Si le patient ne fait pas ce qu'il devrait faire, s'il s'obstine, s'il persévère dans la mauvaise voie, le thérapeute n'en éprouvera pas une forme déguisée d'hostilité. Ces efforts inutiles du malade, il sait qu'ils sont le préalable à autre chose. L'échec apparent de la thérapie réveille la problématique d'un double renoncement. Le thérapeute doit renoncer à exiger de son patient un comportement qu'il n'est pas encore prêt à adopter ; le patient doit progressivement renoncer à ce que son épreuve lui a fait perdre à jamais. Avec l'âge, nous accumulons ce genre de cicatrices. Chaque fois que nous sommes confrontés chez autrui à l'épreuve du renoncement, cela réveille ces cicatrices et cela nous fait mal. Si nous n'acceptons pas cette souffrance, nous ne pouvons pas nous occuper de l'autre. Nous en faisons l'expérience avec nos enfants. Parents, nous nous révoltons de ce que nos enfants aient à affronter des épreuves dont nous aurions aimé les préserver. Mais la seule chose que nous puissions faire est de les accompagner dans la traversée de ces épreuves.

Cette aptitude à intégrer l'épreuve qui a été la mienne a fait de moi une parabole. Une parabole offre une multitude de lectures d'un enseignement qui ne peut être appréhendé que dans son sens profond. Le sens profond de la vie. Thérapeute paraplégique, je m'offre comme une énigme que chacun cherchera à résoudre avec ses ressources propres. La parabole du thérapeute paraplégique. Voilà que je me fais lacanien. Si je prends la formule évangélique, « Médecin, guéris-toi toi-même » (Luc 4, 23), je sais de quoi j'ai dû guérir. J'ai dû guérir de mon envie de ne pas être ce que je suis. Cette envie est partagée par tous les êtres humains. Ne pas être ce que nous sommes concerne d'abord cette partie de nous-même que nous haïssons. Cette guérison dont je parle n'est pas définitive. Elle va être toujours remise en question par ce besoin d'être autrement. C'est dans la mesure où j'aurai commencé à guérir de cette envie de ne pas être moi-même que je pourrai me porter vers l'autre et l'accepter dans son désir d'être autrement que ce qu'il est. Je pourrai l'accompagner dans son épreuve de guérison à cette condition, si j'ai commencé à guérir en moi ce désir de ne pas être ce que je suis. Si je ne parviens pas à accepter ce que je suis devant l'autre, alors sa souffrance me remet en question, et cette confrontation m'est insupportable. Je vais développer alors des contre-attitudes face à lui qui m'amèneront plus tard à le condamner. « Tu souffres et c'est bien fait pour toi. » La guérison est un horizon, elle n'est jamais accomplie. Pour qu'elle aboutisse, il faudrait atteindre à la sagesse extrême. Nous pouvons nous en approcher, mais pas l'atteindre. En revanche l'existence nous offre de nous approcher de plus en plus de nous-même. Plus nous tendons vers nous-même, plus nous devons faire appel à des ressources supplémentaires. Mais ces ressources sont limitées dans le temps. Cette direction que nous suivons, ce mouvement vers, tout cela s'appelle le *chemin.* Ce que nous avons à être c'est exactement cela. Être celui qui se rapproche de celui qu'il est, être en chemin. Être au plus près de l'enfant que nous avons été qui confondait le but et le chemin, qui était dans l'instantané.

Dans l'accompagnement des patients, je suis invité à avancer avec eux, à poursuivre mon travail de guérison. Tant que je suis avec eux, je suis obligé d'avancer aussi pour moi. Plus j'avance avec eux et plus je dois être au clair avec ma propre souffrance. J'ai passé mes premières années de soignant à faire semblant d'accepter la situation qui m'était faite, à continuer à désirer ardemment être ce que je ne pouvais plus être. C'était le témoignage d'une non-acceptation ou bien d'une incapacité à accepter, ce qui revient au même. Le processus d'acceptation, comme je l'ai dit, est sans aboutissement, il est une tension, une direction, un rendez-vous sans date. À un moment donné, les vraies questions se sont posées à moi. Ce phénomène d'acceptation est toujours en relation avec ce qu'on veut, ce qu'on aimerait. L'acceptation de ne pouvoir accéder à quelque chose n'est pas synonyme d'une extinction du désir. C'est la résignation qui équivaut à l'extinction du désir. L'acceptation est un phénomène dynamique perpétuel. Il peut m'arriver de me souvenir avec nostalgie de ce temps où je marchais, particulièrement lorsque la vie actuelle me paraît trop lourde, ma mobilité trop restreinte. Il peut exister des résurgences de colère lorsque je ressens trop cruellement ma dépendance. Si ma voiture tombe en panne, mon handicap va prendre soudain une dimension différente. Si je possédais encore mes jambes, je pourrais marcher le long de la route et espérer qu'on me prenne, ou enfourcher un vélo. Mais je n'ai pas de substitut à ma voiture pour pouvoir quitter ma maison. Si ces situations de dépendance ne me touchaient pas, je n'aurais pas besoin de me mettre en colère et, partant, je ne serais pas en situation d'essayer de poursuivre mon effort de guérison. L'acceptation veut dire simplement que je ne me sens pas persécuté par le manque parce que j'ai organisé ma vie en conséquence. Mais le manque reste le manque. Il s'agit d'un équilibre qui comme tout équilibre peut se rompre. L'équilibre rompu, il faut travailler à le restaurer. Même en chaise, vous demeurez un funambule. Ces crises récurrentes m'ont condamné à réinventer mon équilibre sur le fil de ma vie. La vieillesse m'amène de la même façon à repenser la gestion de mon handicap. Mais qui n'a pas à faire ce genre de mise au point ? Je ne suis qu'une caricature de ce que tout le monde vit.

Le médecin incarne l'image de la toute-puissance. Il est le sorcier qui peut tout. Si nous allons solliciter de l'aide auprès de lui, c'est bien parce que nous nous imaginons qu'il peut satisfaire ce besoin d'aide. Si votre besoin est démesuré, il faut que le thérapeute ait des capacités de soins démesurées. L'erreur du médecin c'est évidemment de le croire, d'accepter la toute-puissance que lui attribue le patient, simplement parce qu'il ne peut pas supporter son impuissance. Le médecin tout-puissant qui se présente dans la position d'une personne atteinte dans son intégrité physique laisse clairement entendre qu'il n'a pas pu se guérir puisqu'il est toujours paraplégique. On est en plein paradoxe. S'il est tout-puissant et s'il est sur une chaise roulante, c'est qu'il ne l'est pas tant que cela. Est-il impuissant pour autant ? Se vit-il comme impuissant puisque manifestement il n'a pas su se guérir jusqu'au bout, mettre un terme à son handicap ? Cela a peut-être pour le patient un côté rassurant. Ce dieu tout-puissant, qui possède un pouvoir de vie et de mort sur ses patients, qui peut en levant son pouce ou en le baissant promettre la guérison ou condamner à la mort, montre qu'il partage leur condition humaine. Il y a là quelque chose qui m'avantage puisque je suis à la fois l'image du patient en quête de guérison et celle du soignant qui peut contribuer à sa réalisation. Cette position de non-toute-puissance qui est ni l'impuissance ni la toute-puissance est une position intermédiaire qui cherche à interroger les besoins du patient. Il a d'abord besoin de se sentir en confiance face à son thérapeute, de lui reconnaître à la fois une capacité d'écoute et une capacité à résoudre le problème pour lequel il est venu consulter. Ma situation de personne paraplégique n'altère pas la confiance que j'ai dans le thérapeute que je suis. J'ai donc une position de quiétude et non pas d'inquiétude. J'accueille la parole de mon patient, je l'encourage. Ma situation de paraplégique favorise la proximité et la confidence.

« Au moins, vous savez ce que c'est. » Je sais ce que j'ai souffert et dont je souffre, mais je ne sais pas ce que l'autre vit. Qu'est-ce que je sais de ce que l'autre vit si ce n'est à travers ce qu'il me raconte ? La conscience de nos vulnérabilités nous renforce davantage que la croyance en notre force indestructible. Cette conscience nous invite à ne pas les cacher, à vivre avec. Ma relation à mes collègues de travail peut faire apparaître une incompatibilité résultant du besoin de certains d'exercer au nom de la sacro-sainte toute-puissance thérapeutique. Ceux-là m'éviteront jugeant que ma situation de médecin hybride peut leur porter préjudice. A contrario, beaucoup de soignants me donnent l'impression que ma situation de soigné-soignant les soulage : rien de plus tyrannique qu'une position de toute-puissance.

« *Mi vergogno !* »

Je citerai trois anecdotes pour montrer la difficulté pour les personnes handicapées d'être indemnes du regard que la société porte sur elles. La première se situe à une époque où je vivais tout seul à Genève. Je quitte un jour mon immeuble et au moment d'accéder à ma voiture, je me rends compte que j'ai oublié mon portefeuille. Je reprends l'ascenseur en même temps qu'une voisine qui habite deux étages au-dessous. L'ascenseur fait donc une première halte pour lui permettre de rejoindre son habitation et repart. Parvenu à mon appartement, je fonce récupérer le portefeuille et reprends aussitôt l'ascenseur qui s'arrête deux étages plus bas. La voisine qui m'avait accompagné à l'aller monte, me regarde et dit :

– Quand on n'a pas de tête, on a des jambes.

Il y a un long silence que nous n'arrivons pas à briser. Elle parce qu'elle mesure l'immensité de la gaffe qu'elle vient de faire. Moi parce que je ne parviens pas à la délivrer de son malaise par un trait d'humour. Je suis habitué à faire des mots d'esprit à propos de mon handicap mais là, rien. Je cite cette anecdote pour montrer de quelle manière cet homme sur une chaise roulante perturbait ma voisine, combien elle s'était trouvée aimantée vers ce qu'il ne fallait absolument pas dire en sa présence puisque, précisément, il *n'avait plus de jambes,* en tout cas plus des jambes qui lui auraient permis de pallier les faiblesses de sa tête. L'interdiction faite de parler de la chose fait qu'on en parlera à notre insu. En même temps, ce tabou érigé comme tel ne permet pas de parler de manière légère. C'est l'histoire que rapporte Raymond Devos. Il aborde des nains en se rendant au cirque et ne sait pas comment les nommer. Il est conscient qu'il ne peut pas les traiter de « nains », alors il finit par leur dire : « Bonjour les enfants ! », pour aussitôt se raviser : « On est tous des grands enfants… certains, bien sûr, sont moins grands que d'autres. » Plus il en rajoute, et plus il rend manifeste qu'il est en train de s'adresser à des nains. Il n'y avait dans mon cas que deux étages à franchir, mais cela devait représenter dans cet ascenseur une éternité pour cette pauvre voisine qui venait, si je puis dire, de mettre les pieds dans le plat.

Je reviens quelques années en arrière. Je suis allongé sur le canapé du salon chez mes parents et mon frère Jacques est dans ma chaise roulante. C'est l'époque où je vis encore à Versonnex. On frappe soudain et mon frère, toujours sur la chaise, se dirige vers la porte d'entrée et ouvre. Le facteur apporte un colis. Jacques aussitôt se lève et prend livraison. Le facteur le regarde, profondément choqué, en agitant un doigt menaçant : « Il ne faut pas rigoler de ces choses-là, ça porte malheur ! » Jacques rétorque avec un cynisme achevé : « Moi je m'en fous, c'est l'autre qui y a eu ! » Nous avions ressenti tout ce qui nous séparait de celui qui, à cet instant précis, représentait la bienséance et ne pouvait pas rire. Nous, nous étions capables de nous moquer de mon handicap. Nous devions en rire, l'humour étant à l'époque notre seule arme contre le désespoir. Comment aurais-je supporté l'épreuve que j'affrontais sans humour ? L'humour est vital parce qu'il est une des façons de prendre de la distance avec ce qui fait atrocement mal.

Troisième situation. Je suis dans un salon de thé. Une dame vient vers moi et me tend un billet de vingt francs. Je la regarde étonné en lui faisant valoir que j'ai tout ce qu'il faut pour vivre. Mais elle insiste. Elle m'explique qu'elle ressent le besoin de m'aider. J'insiste à mon tour. Il y a des gens dans le besoin, ce n'est pas mon cas. Mais elle n'en démord pas et pour clore l'affaire, en quelque sorte, elle me dit : « Je suis la femme du conseiller d'État M. X, c'est pour ça que je le fais. » Le conseiller d'État est l'équivalent d'un ministre à l'échelon du canton de Genève. Et alors ? Je comprends qu'elle essaie de monnayer sa culpabilité. Pas moyen de la dissuader. D'ailleurs elle finit par poser son billet et partir. Je me trouve en situation forcée d'accepter ce dédouanement à sa culpabilité. Ce besoin de se déculpabiliser face aux malheurs des autres est un phénomène somme toute courant. Les mendiants dans la rue ne nous apparaissent pas en costard-cravate mais le plus dépenaillés et le plus pitoyables possible afin de nous faire ressentir précisément la pitié, celle-ci découlant de la culpabilité de voir l'autre dans le besoin. Plus c'est visible, mieux c'est. C'est saint François se dépouillant de tous ses biens pour venir au secours des plus démunis.

N'est-ce pas là l'essence du christianisme ? Si par la naissance vous vous trouvez être particulièrement favorisé, vous devez vous racheter par des actes de charité envers ceux qui n'ont rien ou que le malheur a frappés. La différence est que saint François donne tout, et qu'une fois qu'il a tout donné il vit dans la pauvreté. Mais qu'est-ce que c'est que donner le superflu ? Vous donnez les habits que vous ne portez plus parce que vous ne voulez pas vous culpabiliser de les jeter. Saint Martin donne sa cape qui est tout ce qu'il possède mais il n'en donne que la moitié, considérant que l'autre moitié appartient à Rome. Partager, c'est partager l'indispensable, pas le superflu. Le Christ donne sa vie sur la croix pour racheter les pécheurs. Cela va d'ailleurs à l'encontre de l'idée de Jugement dernier. Pourquoi y aurait-il un Jugement dernier si le Christ, par son sacrifice, a racheté tous les pécheurs ?

Je me trouve très souvent dans la situation où les gens veulent m'aider. Si je n'en éprouve pas le besoin, je leur dis que cette aide ne m'est pas nécessaire. Certains, naturellement, insistent. Ils veulent faire quelque chose et sont décidés à me compliquer la tâche plus qu'à véritablement m'aider. Je me remémore dans ce cas une phrase que disait mon grand-père. Lorsqu'on voulait l'aider à enfiler sa veste, il refusait en ajoutant : « Merci, j'ai assez de mal tout seul. » Je ne me permets pas ce genre de repartie parce que je considère que les gens qui veulent m'aider ont une véritable envie de le faire. D'où leur vient cette envie ? On peut faire toutes les suppositions. Ils se sentent mal à l'aise de pouvoir faire les choses eux-mêmes sans demander de l'aide. Ils cherchent à se dédouaner, nous l'avons vu dans mon exemple précédent. En tous les cas on ne peut faire abstraction qu'ils ont fait l'effort de venir proposer leur aide. Ce courage mérite de la considération et je n'en manque pas à leur égard.

Une différence d'attitude mérite d'être notée à ce propos entre l'Europe du Nord et l'Europe du Sud. Il m'est arrivé de me rendre à Londres. L'impression que j'ai eue était que les gens ne me voyaient pas. À aucun moment je n'ai surpris un regard s'attardant sur moi. Mais si je me trouvais réclamer de l'aide, les gens l'offraient immédiatement. Cette évidence du handicap vient de ce que la société britannique, avant toutes les autres, a cherché à intégrer les personnes handicapées, à gommer les différences. La situation en Italie était opposée. Je parle d'une époque où les personnes handicapées ne se plaçaient pas sous le regard des autres et où rien n'était fait pour les accueillir. Elles gênaient le bien-être, à partir de superstitions archaïques liées au mauvais œil, à la dangerosité, à la menace pesant sur le rêve eugénique de perfection. Les gens dans la rue me regardaient alors comme une bête curieuse. Cette différence paraissait définitivement inacceptable ou, plutôt, incongrue. La Suisse, comme la plupart des pays, s'y est mise avec une certaine lenteur. Le fédéralisme suisse qui veut que chaque canton vote les lois qu'il entend voir appliquer sur son territoire n'a pas favorisé ces réformes – hormis les règles qui s'imposent à tout le pays. L'accessibilité des lieux publics ayant été votée dans le canton de Genève, toute nouvelle construction y était désormais soumise. Au début des années 1970, un important parking sous-lacustre ayant été ouvert au public, il fut avéré qu'il ne disposait pas d'équipements permettant aux personnes en fauteuil roulant d'en sortir – les ascenseurs s'arrêtaient à l'avant-dernier étage, il fallait emprunter ensuite des escalators. L'organisme Handicap, Architecture et Urbanisme déposa un recours pour demander que les promoteurs s'engagent à rendre le parking accessible aux personnes à mobilité réduite et le gagna. Il y avait, à cette époque, des cantons où la mentalité n'était pas du tout la même. Je m'empresse de dire que même dans le canton de Genève qui avait été un des premiers à affronter la question de la rééducation des paraplégiques, tous les trottoirs ne sont pas abaissés. Je suis encore obligé, en certaines circonstances, de rebrousser chemin ou de demander de l'aide. Il y a toujours quelqu'un prêt à donner un coup de main.

Chacun d'entre nous ressent le besoin d'être utile à l'autre. Pourquoi ? Parce que notre vie prend alors une dimension différente. Nous nous sentons valorisés par le fait d'être désigné pour rendre service et pour aider. Cela signifie qu'on nous en a jugés dignes. Dès que nous sortons de l'anonymat en étant ainsi désignés, un lien va nécessairement se tisser entre la personne qui aide et celle qui est l'objet de cette aide. Il est difficile dans ces conditions de refuser. La personne interpellée pourrait même répondre : « Merci d'avoir pensé à moi. » Nous nous rendons service mutuellement. L'organisation Pro-infirmis qui œuvre dans le domaine du handicap avait sollicité une agence de communication pour commémorer les cinquante ans de sa création. L'agence avait travaillé à une campagne d'affichage qui disait, sur un fond blanc dépouillé : « Merci aux personnes handicapées de nous donner l'occasion d'être un peu moins con. » Le comité a jugé que le slogan était outrancier et la formule n'a pas été retenue. Elle eût pourtant fait parler !

La vulnérabilité de certains nécessite de mobiliser le principe de solidarité. Sans ce principe, existerait-il une recherche médicale ? La Ligue contre le cancer ne vit pas des deniers publics mais des dons faits par des particuliers. Ce principe de solidarité, je l'ai testé toute ma vie. Je suis toujours allé vers les autres pour leur demander de l'aide. Nous étions il y a quelques jours invités à un mariage dans un château. Les constructeurs, quelques siècles plus tôt, n'avaient pas eu la bonne idée de prévoir un ascenseur ou une rampe d'accès. Il a fallu expliquer à quelques solides gaillards comment il fallait s'y prendre pour me monter à l'étage. Le fait de demander n'est pas un obstacle. Il n'est pas non plus anodin. Lorsque je sollicite de l'aide, je mets en exergue ma situation physique et la vulnérabilité qui en découle. Puisque j'ai besoin d'autrui, autrui doit éprouver le besoin de me témoigner de la solidarité. Mais rien n'est automatique. Cela m'évoque la période de la Résistance durant la Seconde Guerre mondiale. Les résistants pariaient sur cette solidarité entre eux sans laquelle leur projet serait mort dans l'œuf. Sans chercher en rien à idéaliser ces faits de guerre, ce sont les circonstances qui ont amené les personnes entrées dans la clandestinité à imaginer que la solidarité sans faille serait garante de leur survie.

Voir quelqu'un de difforme, atteint d'un énorme handicap, nous dérange et nous dérangera toujours. Cela nous dérangera d'autant plus que la personne handicapée assumera son handicap avec peine. J'avais un patient paraplégique qui avait été hospitalisé pour un complément de rééducation. Il venait d'Italie du Sud. Les kinésithérapeutes et les ergothérapeutes s'étaient rendu compte que le patient venu apprendre à se transférer de son fauteuil au lit et de son fauteuil au siège des toilettes refusait catégoriquement d'essayer d'apprendre à ranger sa chaise roulante dans la voiture une fois installé au volant. Cet apprentissage lui garantissait pourtant une autonomie accrue et le personnel hospitalier ne comprenait pas son désintérêt. Lors d'une réunion pluridisciplinaire j'avais tenté de comprendre son manque de motivation. Je lui avais demandé s'il ne sortait jamais de chez lui. Bien entendu il prenait sa voiture, et quelqu'un était là pour ranger sa chaise dans le coffre. Mais lorsqu'il parvenait à destination, que se passait-il ? Il me rassura en me disant que lorsqu'il s'absentait, c'était toujours pour se rendre chez quelqu'un. Il y avait donc toujours quelqu'un pour sortir son fauteuil du coffre et tout se passait très bien. N'arrivait-il pas qu'il se rende en ville, non pas pour voir quelqu'un, mais simplement pour prendre un café à une terrasse ? Dans ce cas-là, m'avoua-t-il, il restait dans sa voiture. Il demandait qu'on lui apporte le café.

– Mais alors, vous ne sortez pas de votre voiture ?

Il me regarda interloqué comme si j'avais proféré une obscénité :

– *Mi vergogno !* me répondit-il en italien.

Ce que je traduisis par : « Cela me fait honte », sous-entendu, « de me montrer comme je suis ». J'ai compris à cet instant pourquoi l'autonomie que nous lui proposions d'acquérir ne l'intéressait pas. J'ai compris aussi le fossé qui nous séparait par nos cultures respectives. Je n'ai jamais eu honte de ce que j'étais alors que pour lui c'était proprement inacceptable. Comment vivre avec une image d'inacceptabilité ? Nous touchons là la question du stigmate qui fait qu'une société décrète que certaines personnes ne seront pas mises sur le même plan d'égalité que les autres et seront déclarées « intouchables ».

Le film d'Olivier Nakache et Éric Toledano *Intouchables* me paraît faire référence à cette notion théorisée par la société indienne. Les intouchables sont ceux qui n'appartiennent à aucune caste, relégués au ban de la société, ce que nous appellerions des exclus. Il n'est pas possible aux personnes appartenant aux différentes castes de les côtoyer. Comme le système de castes est héréditaire, les parias demeurent des parias, génération après génération. Pour mieux barricader ces critères d'inclusion, chaque société s'emploie à définir strictement ceux qui sont considérés comme les exclus. Pour qu'il existe un dedans, il faut concevoir un dehors. Nos sociétés occidentales sont remuées par ces questions. Sans cesse elles achoppent sur la question de l'altérité.

Pour revenir au film, il s'agit de la confrontation de deux types d'intouchables. Philippe d'un côté, devenu tétraplégique à la suite d'un accident. Bien que socialement privilégié, il apparaît désormais comme handicapé. Son argent ne lui permet pas d'acheter sa guérison. Cherchant quelqu'un pour l'accompagner, un assistant de vie, sur qui tombe-t-il et qui finit-il par choisir – les autres candidats ayant un discours préfabriqué ne l'intéressant pas ? Sur Driss, un autre intouchable, un handicapé social, une personne avec laquelle il se sait en situation d'égalité, c'est-à-dire d'authenticité. Il ne peut pas douter de l'authenticité de celui qui n'est pas venu chercher du travail, mais simplement valider des papiers afin de pouvoir toucher son allocation chômage. En lui proposant ce poste d'assistant de vie, il lui offre de l'insérer dans une société dont il est exclu, par la couleur de sa peau, par sa marginalité sociale – en échange de cette relation *vraie.* Le voilà servi ! Driss va le traiter exactement comme il est, c'est-à-dire un homme privé de l'usage de ses jambes et de ses bras : « Pas de bras, pas de chocolat ! » Voilà une manière abrupte de lui rappeler sa réalité. Il a le courage de lui dire ses quatre vérités alors que Philippe a tout le pouvoir de l'argent, pouvoir suprême dans la société du veau d'or. C'est ce courage qui fonde cette relation sans masque. Driss n'est évidemment pas insensible à la fascination de l'argent, on s'en rend compte lorsqu'il lui barbote un œuf de Fabergé. Mais là n'est pas son centre d'intérêt. Il veut d'abord vivre sa vie sans savoir à quoi cette vie ressemblera. La morale de l'argent n'est pas la sienne. C'est ce qui le rend si beau.

Driss partage avec Cyrano des qualités de cœur et d'esprit évidentes. Le handicap de Cyrano c'est son nez, ce « promontoire ». Et comme un nez au milieu de la figure, précisément, on ne voit que cela. Pour échapper à la malédiction de ce nez, Cyrano paraît aux yeux de Roxane sous les traits de Christian de Neuvillette à qui il donne la voix de ses vers. Ce qui nous interpelle ici et qui fait à la fois le succès du film et de la pièce, c'est la manière dont Driss et Cyrano gèrent leur handicap, parviennent à le contourner et, le contournant, prennent à revers la société qui les stigmatise. Est-ce qu'on peut convaincre l'autre que sa différence n'est pas stigmatisante si on n'est pas parvenu à la faire sienne ? En aucune manière. C'est l'histoire de mon patient qui refuse de sortir de sa voiture parce qu'il a honte de se montrer aux yeux des autres (« *Mi vergogno !* »). Dans sa voiture, il a perdu sa singularité, il est comme les autres. Affronter le regard des autres n'est possible que si nous nous supportons nous-même. Cyrano ne peut se montrer tel qu'il est parce qu'il ne se supporte pas, il ne supporte pas cette protubérance au milieu de son visage. Christian est son apparence, comme cet homme assis au volant de sa voiture et dont on ne voit que la tête et le buste fait disparaître l'homme paraplégique dont le premier a honte. Le cas de Driss n'est pas différent. Si lui ne cache pas son « handicap », la couleur de sa peau, sa marginalité, il s'en sert pour provoquer, pour s'exclure. Contre toute attente, sa stratégie de provocation ne fonctionne pas et il est embauché. Toutes ces stratégies nous renseignent sur l'importance du jugement que nous pouvons porter, en fonction des cultures et des époques, sur la singularité. *Intouchables* ne nous invite pas à nous apitoyer. Il questionne la manière dont la personne stigmatisée construit sa parade face au jugement unanime.

La maison de Jussy

La venue de mon fils Corentin était une victoire sur l'adversité. Le diagnostic et ses conséquences avaient été déjoués. Pour moi c'était la preuve, une nouvelle fois, qu'on pouvait échapper au destin réservé aux condamnés. Les stigmates demeurent *ad vitam aeternam*, mais pas le diagnostic qu'on peut porter sur eux. La preuve : Corentin était né lorsqu'on avait cherché à nous convaincre que la procréation dans mon cas était impossible. L'erreur eût été de nous laisser anéantir par une parole. L'erreur est toujours de se laisser anéantir par la parole qui vous condamne. Nous trouvons cette idée dans la liturgie catholique lorsque la prière invoque Celui qui, d'une seule parole, *peut* guérir. Mais il peut, d'une seule parole aussi, condamner. La parole qui condamne doit rencontrer en nous une autre parole qui est ce qui s'apparente à la foi. Une foi inébranlable parce qu'on la veut solide comme un roc, mais qui, en réalité, est fondamentalement ébranlable. Elle ne peut résulter que de ce dialogue intime et déroutant entre la fragilité et la puissance, la foi, comme la vie, ne pouvant jamais être un acquis. Il y a eu ainsi dans la naissance de notre fils la confirmation qu'il était bien d'y croire, que c'était parce que nous y avions cru que c'était arrivé. Si nous n'y avions pas cru, nous n'aurions pas été attentifs aux signes précurseurs. Ce qui nous importait était donc bien de continuer sur un chemin décrit comme un chemin sans issue. Et sitôt que l'enfant nous fut donné, il nous fallut prendre la mesure de la responsabilité *définitive* que sa naissance déterminait désormais pour nous deux. Notre disponibilité vis-à-vis de lui devait être à la mesure de la révolution qu'il apportait dans notre vie. Comment le couple conjugal allait-il négocier avec le couple parental l'organisation d'une vie qui allait se vivre désormais à trois ? Il me fallait assumer à présent un rôle de père, avec mes limitations, en même temps que j'assumerais mes autres vies. Il me faudrait me dépasser. C'est le moment où l'on se trouve en situation de secondariser ses propres besoins pour servir ceux des autres. Mais comment secondariser mes besoins quand certains étaient vitaux ? Quelle hiérarchie allais-je déterminer entre les besoins relatifs à mon handicap et les besoins de mon enfant ? La présence de Corentin m'a plongé dans une difficulté liée à ma volonté d'être le père que je souhaitais être et aux entraves qu'elle rencontrait, dues à ma situation de handicapé. Je n'avais pas le modèle d'un père idéal que j'aurais pu chercher à imiter. J'avais eu avec le mien des difficultés relationnelles importantes et je ne souhaitais pas les reproduire, comme si notre enfant était fait pour réparer notre enfance imparfaite. Ce qu'il n'est pas. Il était là pour apprendre à être lui-même et j'allais pouvoir l'aider en étant moi-même, avec mes aspirations et mes limitations, sans tricher.

Françoise s'est montrée très claire avec moi dans son intention de nous voir partager pleinement l'éducation de notre fils. Elle avait éprouvé un modèle différent du mien où les parents étaient solidairement présents. Elle me répétait très souvent qu'elle ne serait pas pour nos enfants la mère au foyer que ma mère avait été pour moi. Le moment où elle a déclaré qu'elle voulait reprendre son activité professionnelle a été extrêmement douloureux pour moi. Même si j'étais acquis à cette idée, lorsqu'il s'est agi de la mettre à exécution, j'ai ressenti un sentiment très fort d'abandon. Je m'identifiais à l'enfant qui allait être placé ailleurs que chez sa mère dans les moments où elle serait indisponible, prise par son activité professionnelle. J'ai traversé une phase d'intense somatisation. Je digérais mal ce changement. Mais comme toujours, notre croissance se fait dans la douleur, douleur de la séparation de ce que nous étions. Corentin nous apprenait notre métier de parents. Il m'aidait à réorganiser mes priorités et mon temps même si je n'étais a priori pas prêt à envisager la venue d'un autre enfant. Je m'imaginais alors que la charge éducative serait multipliée par deux sans me douter que le chemin qu'on a accompli avec le premier, c'est celui-ci qui le montre au deuxième et aux suivants. En même temps nous ne souhaitions pas faire de notre fils un enfant unique. Autant de contradictions dont nous sommes sortis en nous remettant Françoise et moi à l'ouvrage.

Le paysage victorieux qui était celui de la conception et de la naissance de notre premier enfant avait changé. Mon père avait commencé à développer une tumeur cérébrale. Son état empira fortement à la suite d'une intervention chirurgicale. Homme du verbe, il était devenu aphasique. Père d'un enfant paraplégique, hanté désormais par la question du handicap, il était devenu lui-même hémiplégique. Cet homme qui s'était arrangé toute sa vie pour être peu à la maison terminait sa vie à Versonnex nursé par maman. Les années 1985-1986 virent la lente agonie de papa, mais aussi la première fausse couche de Françoise. Nous mesurions tout d'un coup la chance que nous avions eue de concevoir notre premier enfant sans encombre. S'ajouta pour moi une nouvelle intervention chirurgicale pour des questions sphinctériennes, ma vidange vésicale posant à nouveau problème. Ces épreuves étaient bien entendu compensées par la croissance de notre petit bonhomme, par la force du lien que Françoise et moi entretenions, par notre engagement dans nos activités professionnelles, par la présence des amis si nécessaire. Nous avions quitté la campagne pour nous installer à proximité de mon lieu de travail ce qui me permettait souvent de me rendre à l'hôpital en chaise roulante. Je suivais un programme de musculation pour augmenter ma force et accroître mon indépendance. Je me montrais plus hardi pour tenter avec ma chaise roulante ce que je ne me serais pas permis de faire auparavant. J'avais également opté pour des chaises plus maniables. Je commençais à faire savoir autour de moi que je n'aimais pas qu'on me pousse. Je faisais avancer mon fauteuil tout seul sauf lorsque la présence d'un obstacle rendait la chose impossible. J'ai modifié durant cette époque mon rapport à mon corps devenu plus autonome et moins pesant.

Un spécialiste de la réadaptation que je côtoyais au centre de paraplégie avait développé une véritable obsession s'agissant de la possibilité de faire skier les personnes en fauteuil roulant. Ses tentatives mettant exclusivement la luge à contribution étaient jusque-là restées vaines. Il fallait concevoir un encadrement lourd et par conséquent dissuasif. Revenant d'un séjour en Bavière, il nous fit savoir qu'il avait rencontré un paraplégique qui avait imaginé un système lui permettant de skier. Ce système a été depuis développé et exploité par divers fabricants. La personne handicapée est installée dans une coque fixée sur un seul ski et tient une patinette fixée à une courte canne anglaise dans chaque main.

Il était enthousiaste.

– Cela fait des années que je cherche, nous confia-t-il, mais je n'avais jamais imaginé que la solution était le monoski complété par deux appuis, autrement dit le tripode !

Je partageais volontiers son enthousiasme à l'idée que, peut-être, j'allais pouvoir retrouver la neige des sommets que j'avais désertés depuis plus de vingt ans. Chaque hiver avait été un crève-cœur lorsque je voyais les copains partir skier. Et plus les années passaient, plus l'arrivée de l'hiver me pesait. La possibilité soudain s'offrait et ce rééducateur, inventeur de la chaise sur ski ou ski-bob insistait pour que j'essaie. Comment aurais-je résisté ? Nous décidâmes à la fin de l'hiver de faire l'expérience et nous nous rendîmes Françoise et moi en Valais, dans les Alpes. La première journée fut particulièrement éprouvante. Incapable de me décrisper, je pris gamelle sur gamelle. Je n'ai jamais autant mangé de neige que ce jour-là. Ces déconvenues n'empêchèrent pas d'extraordinaires résurgences de sensations auditives et olfactives oubliées – les cannes du remonte-pente qui passent sur les pylônes et qui font « klong », « klong », le moteur qui tracte les skieurs, l'odeur de graisse chauffée, le bruit du ski qui glisse sur la neige, les senteurs de la montagne enneigée, celle des mousses de lichen sur les sapins. Nous étions aux premiers jours du mois d'avril. La température était très douce. La végétation se réveillait. C'était la période où j'avais achevé ma dernière saison de ski. À partir de cette expérience quasi miraculeuse de skibob, je me suis remis à souhaiter l'hiver.

Au début de l'été 1985, mon grand-père maternel se cassa le bassin en tombant de vélo à quatre-vingt-six ans. Comme il était soigné à l'hôpital où je travaillais, j'en profitais pour aller lui rendre visite à l'unité d'orthopédie. Je le trouvais chaque fois assis sur un fauteuil dans le couloir à ne rien faire. La vision de cet homme actif et sportif immobilisé dans son fauteuil me serra le cœur. Il y avait à son âge le risque que le temps de sa guérison ne soit en même temps celui d'une régression. Je lui proposai de rentrer chez lui où tout se trouvait de plain-pied, sans jeu de mots, et de lui prêter une de mes chaises roulantes, ce qui lui assurerait une plus grande mobilité dans les moments où la douleur l'empêcherait de se déplacer debout. Dont acte. Il réintégra son domicile avec l'accord des médecins et Françoise lui expliqua le maniement du fauteuil. Ces jours passés sur une chaise furent pour lui riches d'enseignement.

Quelques jours plus tard il nous fit savoir que l'expérience lui avait fait comprendre combien l'environnement était inadapté aux handicapés. Il avait pris la décision de faire construire sur son terrain à proximité de chez lui, à Jussy, une maison qui correspondrait à mes besoins. La morale de l'histoire était que mon grand-père m'avait côtoyé durant vingt ans, très attentif, très aimant mais sans jamais se rendre compte de ce que pouvait signifier concrètement mon handicap. Le permis de construire tardant à nous être délivré, je finis par écrire au conseiller d'État en charge de la construction pour lui expliquer la situation. J'occupais un appartement appartenant à l'État de Genève et prévu pour des personnes ayant des revenus modestes, ce qui n'était pas notre cas. Je l'occupais parce que j'étais handicapé, vivant en chaise roulante. Je pouvais en faire bénéficier une autre famille si tant est qu'on me délivrât un permis de construire nous permettant de faire bâtir une maison adaptée à mes besoins. J'obtins finalement gain de cause et le chantier démarra à l'été 1987. Sans avoir eu le temps de voir le projet réalisé, mon grand-père décéda au début de l'année suivante. Souffrant d'un problème respiratoire, il s'était vu proposer une hospitalisation, mais il avait fait savoir qu'il en avait assez. « *Ich habe genug !* » (« Je suis comblé. ») J'ai aimé ma vie et je suis rassasié. Mourir dans ces conditions me semble un rêve.

Peu avant notre déménagement dans cette maison adaptée, Françoise accoucha d'une fille que nous avons prénommée Aliénor.

La maison, que nous occupons aujourd'hui, est hybride, en ce sens qu'elle ne doit pas handicaper ceux qui n'ont pas de handicap. Les plans en ont été dessinés par le frère de maman qui est architecte, préoccupé avant tout de réaliser un lieu agréable à vivre pour Françoise, moi et les enfants tant qu'ils seraient présents. À partir de nos échanges, il avait cherché à se représenter comment nous aimerions y vivre au quotidien. L'obsession des architectes se porte souvent sur le design au détriment du confort. Pourtant nous préférons toujours des charentaises confortables à des escarpins dans lesquels nous souffrons le martyre.

Dès que nous avons emménagé, nous avons aimé cette maison. C'en était fini de cette nécessité que nous avions partagée de savoir où nous allions nous rendre, de chercher l'endroit où nous allions nous sentir bien. Notre vie à Jussy est aussi une vie de voisinage qui implique bien des égards envers ceux qui partagent avec nous ce lieu de vie. Nous nous sommes intégrés à une population comme à une famille et nous nous sommes sentis par elle adoptés. La plupart d'entre nous ont perdu cet environnement social ou ne l'ont pas connu. Il pouvait s'agir de la vie du village, du bourg et même du quartier dont le bistrot, l'église, la boulangerie pouvait marquer le centre névralgique. Retrouver ce tissu social, cette fraternité naturelle vous fait comprendre tout ce qui a été perdu avec l'anonymat de la vie moderne.

Des fleurs à l'hôpital

L'attente d'un poste de médecin adjoint dans le service de psychiatrie de liaison fut finalement récompensée. La décision avait tardé pour des questions de territorialité. J'avais été pris entre deux feux mais j'avais réussi à conserver mon autonomie de décision. Le poste me permettait désormais d'envisager une carrière et me garantissait une certaine sécurité d'emploi. Je ne savais pas jusqu'à cette date si j'allais finir par m'installer ou si j'allais rester dans le giron institutionnel. Mon travail s'est alors considérablement diversifié. De la prise en charge des aspects psychologiques dans le cadre de la rééducation des paraplégiques, ma mission s'était étendue à tout ce que la psychiatrie de liaison pouvait embrasser, y compris des services assez pointus comme l'oncologie, les greffes d'organes, etc. Psychiatrie qu'il faudrait préférer nommer, dans ce dernier cas, psychologie médicale, le but étant de préparer des patients à une intervention sans laquelle leurs jours seraient en danger, et qui étaient pour cette raison hantés par l'idée de la mort. De quelle façon le patient qu'on projetait de greffer était-il apte à recevoir et à accepter l'organe qui lui était destiné ? Étant donné la pénurie d'organes, il ne fallait pas engager une démarche, lourde et éprouvante par définition, sans s'être assuré de la compliance du patient. Je m'occupais des greffés du cœur que j'amenais à questionner avec toute la sincérité possible la nécessité de l'opération. Ils n'étaient bien entendu pas « obligés » d'accepter cette intervention. Ils avaient le droit de dire non. La conséquence de ce refus était la mort. Mais s'ils acceptaient la greffe et que la greffe avait pour conséquence de faire de leur vie un calvaire, n'était-ce pas pire que la mort ? Cette capacité de parler aussi directement, je la dois à ce dialogue intérieur que j'ai mené durant toutes mes années d'hospitalisation et de rééducation, dialogue dont a surgi progressivement mon désir de vivre. La vie ne m'était pas imposée, j'avais choisi. Vivre ne devrait pas être une obligation. Quelle que soit la pathologie dont vous souffrez. Qu'il s'agisse d'une pathologie à pronostic mortel, quoi qu'on fasse, ou d'une pathologie à pronostic réservé parce qu'il existe trop de paramètres à considérer pour être sûr du résultat, ou même d'une pathologie tout à fait gérable, comme dans le cas du diabète, par exemple, c'est *vous* qui décidez. L'environnement médical ne doit pas chercher à vous influencer dans le sens qui lui convient. Il doit simplement donner des informations pour vous permettre de vous déterminer. Choisir librement : nous devrions, en toutes circonstances, disposer des informations nécessaires à une prise de décision éclairée et libre.

Je me souviens d'un patient très angoissé à l'idée d'être greffé. Il était en bout de course avec son cœur. Notre discussion montrait qu'il n'avait pas mûri la décision d'accepter cette greffe. Il s'y soumettait, faisant ce qu'il imaginait qu'on attendait de lui. Alors je lui ai dit, doucement :

– Vous savez, vous n'êtes pas obligé.

Il m'a regardé et son visage a changé d'expression. Il était tout d'un coup soulagé. Et quand il a pu regarder en face la question de savoir s'il voulait ou non tenter le risque d'une greffe, s'il en acceptait, bonnes ou mauvaises, les conséquences, il a pu prendre *sa* décision, celle d'accepter l'intervention. Il s'était réapproprié sa vie, comme si le monde médical l'en avait exproprié. Nous ne soignons pas des marionnettes, mais des êtres humains qui doivent impérativement garder les commandes de leur vie. Cette confrontation avec la peur a été, à cette période de mon parcours professionnel, très instructive. Période au cours de laquelle j'ai dû subir une nouvelle intervention urologique beaucoup plus délabrante qui allait compromettre ma continence. Il s'agissait d'un profond bouleversement dans la gestion de mon handicap puisque j'étais parvenu durant toutes ces années à la continence et donc à m'affranchir de toute forme d'appareillage. J'allais désormais être appareillé vingt-quatre heures sur vingt-quatre, ce qui signifiait de nouvelles habitudes mais aussi des changements dans ma vie intime pas forcément agréables pour moi et pour Françoise. Cela représentait une terrible régression. Cette idée m'a profondément déprimé. J'avais beaucoup de mal à m'accepter dans ma nouvelle situation, autant que Françoise, ce qui faisait que je me sentais aussi rejeté. J'étais tellement stressé que j'ai fait une thrombose veineuse au niveau de ma cuisse droite qui a nécessité des traitements anticoagulants prolongés. Le côté positif de l'affaire, puisqu'il en existe toujours un, est que lorsque je me déplaçais, avant l'opération, j'avais avec moi un urinal en plastique et que je devais trouver un endroit pour me soulager lorsque c'était nécessaire. Les toilettes étant rarement accessibles, j'étais souvent obsédé par la nécessité de devoir trouver la solution. Ce problème disparut pour laisser la place à un autre. Désormais appareillé, je n'avais plus à me préoccuper de vidanger ma vessie et donc de trouver un lieu adéquat pour le faire. J'ai fini par assumer ma condition.

Mon parcours professionnel au sein de l'établissement hospitalier ne s'est pas fait non plus sans entrave. J'ai dû subir, comme tout un chacun, les jeux d'influence, les conflits de territoire, les ambitions sans vergogne cachées sous différents masques. L'un de mes supérieurs hiérarchiques avait décidé de me retrancher des territoires dont j'avais la responsabilité. Il s'agissait de les confier à des personnes qui pouvaient mieux servir ses intérêts. J'eus l'impression d'être mis au placard. Le travail que j'effectuais en tant que psychiatre de liaison n'était pas en question ; d'après les échos que j'en avais, il était plutôt apprécié et valorisé par le monde des somaticiens.

Ma conscience professionnelle ne se sentait pas accusée par ces agissements. Mais je vivais très mal l'hostilité de mon supérieur. C'était comme si on me faisait comprendre que je n'étais pas à la hauteur de la tâche qui m'était confiée. Il m'était très difficile de prendre de la distance et de considérer que c'était lui qui voyait les choses de cette manière, qu'il me marginalisait parce que je ne servais pas ses intérêts. Un doute concernant le bien-fondé de me garder au sein de l'institution semblait désormais planer sur moi. La situation était devenue invivable parce qu'à travers cette incertitude où on m'acculait, je percevais toute l'irritation de mon supérieur face à la reconnaissance dont j'étais l'objet. Mon nom comme psychiatre de liaison revenait régulièrement dans la bouche des thérapeutes avec qui je collaborais.

Cette sombre période s'illumina le jour où je reçus à l'hôpital un bouquet de fleurs. Le bouquet était accompagné d'un mot énigmatique – et anonyme. Ma secrétaire s'inquiéta aussitôt. Qui pouvait donc m'envoyer des fleurs ? Probablement pas mon supérieur hiérarchique. Alors qui ? La secrétaire les installa dans mon bureau. Elles étaient magnifiques. La semaine suivante, je reçus à nouveau un bouquet, accompagné de ce même mot énigmatique. Puis un autre la semaine suivante. Ma secrétaire était dans tous ses états et n'avait pas tardé à en venir à une conclusion implacable. Il s'agissait d'une femme ! En avais-je parlé à la mienne ? J'en avais bien entendu parlé à Françoise qui avait pris un air étonné, ne comprenant pas qui pouvait s'amuser à ce genre de jeu. Pourtant le jeu se poursuivait et je me résolus à faire mon enquête pour savoir qui était le fleuriste qu'on avait chargé d'acheminer ces fleurs jusqu'à moi. Mon enquête prit quelque temps, mais je parvins bientôt à cette conclusion délicieuse : me voyant en grande difficulté dans mon service, Françoise avait choisi de me témoigner son soutien de cette manière. Une fois démasquée, elle ne désarma pas et je continue à recevoir depuis quinze ans un bouquet régulièrement dans mon bureau de l'hôpital. La différence est que ma secrétaire ne s'en inquiète plus. Il y a pour Françoise, dans ce geste ritualisé, un double plaisir. Me réitérer son amour, et se rendre chez le fleuriste qui avait été son parfait complice, le fleuriste des Augustins en l'occurrence, un des plus talentueux sur la place de Genève. Ainsi s'est construit entre le fleuriste et Françoise un lien particulier, à tel point que le jour où la télévision suisse a décidé de faire un portrait de lui, elle a accepté de témoigner et de raconter son histoire. L'histoire des bouquets anonymes. Ces bouquets avaient contribué à me remonter un moral au plus bas, ils avaient été un baume sur mon cœur à une époque où je me sentais mal aimé. Sur ces entrefaites, mon supérieur est tombé gravement malade et, quelques années plus tard, est décédé. C'était professionnellement un drame absolu car indépendamment des difficultés de notre relation, je reconnaissais comme mes collègues ses qualités. Cet antagonisme m'avait néanmoins profondément affecté. Je ne comprenais pas pourquoi nous n'avions pas trouvé un moyen de solidariser nos différences. En même temps, ces différends m'avaient montré que Françoise me soutenait de manière inconditionnelle. Je supporte très mal quand je ne sens pas son amour. Si elle me le retirait, elle emporterait ma force vitale.

Nous avons traversé, Françoise et moi, des périodes difficiles. Nous sommes un vrai couple, qui s'affronte, qui s'évite, qui s'aime, qui s'adore, qui se hait selon ce qui se passe. L'échange est profond, constant, fait d'accords et de désaccords, de guerres et de paix. Comment pourrions-nous connaître la force des liens qui nous tient ensemble si ces liens n'étaient pas éprouvés par l'adversité ? Nous avons fait la preuve de nos complémentarités essentielles, elle avec sa force agissante et moi avec mon inertie qui doit être mise en mouvement. J'ai pu exercer mon rôle de père grâce à cette complémentarité. Il faut cette symbiose pour affronter l'épreuve du temps, pour se retrouver l'un en face de l'autre, une fois que les enfants sont partis, pour rejouer une partition que nous jouions alors qu'ils n'étaient pas nés. L'autre est devenu de plus en plus réel, et de moins en moins mystifié par l'aveuglement propre à l'état amoureux. Les crises que nous avons traversées, les bénignes, les profondes, nous ont enseigné que ce n'était pas la crise qui était dangereuse, mais la tentation de ne plus vouloir la gérer. Nous avons donc toujours pris en charge ensemble cette gestion, soucieux que les choses perdurent, que le couple se survive à lui-même. Aujourd'hui encore, je ne peux pas imaginer ma vie sans elle. Tomber amoureux d'une autre personne, c'est à la portée de n'importe qui. Mais partager le quotidien, lorsqu'on est dans une réalité de vieillissement, prendre soin d'une relation à travers ses conflits, c'est ce qui définit le fait d'aimer. Elle m'a connu sans cheveux blancs, la tignasse abondante, bouclé, avec quelques kilos de moins. Mais nous nous aimons toujours.

Je donne peut-être l'impression, à travers ces propos, que j'ai surmonté l'épreuve de mon handicap. Que tout est *under control.* Pourtant, mon handicap continue à résonner d'une manière particulière en moi. Je me trouvais à l'abbaye de Fontevraud pour un séminaire. Le matin de mon départ, Aliénor était fiévreuse et nous étions convenus Françoise et moi qu'elle appellerait dans la journée le pédiatre. Le soir même, alors que j'étais arrivé à destination et que je suivais mon séminaire, Françoise me fit savoir par téléphone que notre fille souffrait d'une pyélonéphrite, une infection du rein, et qu'elle avait été hospitalisée. Elle était à un âge qui rendait le diagnostic préoccupant, même si sa prise en charge hospitalière éloignait le risque vital. Je sentis alors toute mon impuissance à venir au secours de ma fille. Je n'avais pas ma voiture et donc pas mes jambes. J'étais dépendant d'autrui pour me raccompagner à la gare, me mettre dans le train qui devait passer par Paris avant de prendre la direction de Genève. Une éternité nous séparait. De plus, ma fille développait une maladie que j'avais eue un peu après mon accident, aggravée d'une septicémie dont j'avais failli mourir. La nouvelle de sa maladie eut en moi une résonance particulière. Je fus assailli durant toute la soirée et toute la nuit par la souffrance terrible de ne pas pouvoir être avec elle, d'être si loin. J'aurais tout donné pour être à ses côtés, prendre sa main, la réconforter. J'étais dans la situation de dire : « Seigneur, pourquoi m'as-tu abandonné ? », qui est l'expression d'un sentiment d'impuissance mais aussi de rage. Ce fut un enseignement pour moi. Cette angoisse et cette colère se sont progressivement dissipées dans la nuit et j'ai repris confiance. Je n'étais pas abandonné, comme ma fille n'était pas abandonnée de moi. Lorsque nous ne pouvons pas *faire* quelque chose, il faut réussir à entrer dans cette communion intérieure qui vise à mobiliser nos forces, des forces qui vont nous aider à supporter un événement douloureux qui frappe une personne qu'il ne nous est pas possible de secourir en actes. Au lieu de se disperser, nous cherchons à nous rassembler, comme si cet exercice équivalait à communiquer à celui ou celle qui est dans la souffrance, loin de nous, l'énergie nécessaire pour affronter l'adversité. Il y a une dimension dans la relation qui se moque de la distance kilométrique, une dimension surnaturelle qui nous permet de suppléer à notre incapacité d'agir. Nous possédons cette capacité de porter secours à des personnes qui ne sont pas à côté de nous, simplement en mobilisant en nous des forces d'amour. Nous ne sommes pas conscients de tout ce qui nous construit.

Remerciements

Je remercie mon cousin Jean-Philippe et mon frère Jacques qui ont eu la bonne idée de ce livre.

Table

Composition : IGS-CP
Impression : Imprimerie Floch, avril 2013
Éditions Albin Michel
22, rue Huyghens, 75014 Paris
www.albin-michel.fr

ISBN : 978-2-226-24848-0
N° d'édition : 20502/01 – N° d'impression : 84691
Dépôt légal : mai 2013
Imprimé en France